85.7.11

新紀元知識最

活用水晶

陳浩恩

香港出版集團有限公司

書　　名：活用水晶

作　　者：陳浩恩

編　　輯：曹美芳

封面設計：馬鳳琴

美術設計：陳麗芬

出　　版：香港出版集團有限公司
　　　　　香港鰂魚涌華蘭路 14 號
　　　　　益新工業大厦 16 字樓 C 座

發　　行：利源書報社有限公司
　　　　　九龍洗衣街245—251號地下
　　　　　電話：2381 8251

印　　刷：藍馬柯式印務有限公司
　　　　　電話：2563 1068

排　　版：海洋電腦排版植字有限公司
　　　　　電話：2564 0999

排版編輯：何永強

初版日期：一九九三年六月

各大書局均有代售

感謝

過去、現在、未來

一切帶給我智慧的師友

沒有你們的支持

這個奔向無限的旅途

一定困難及寂寞得多

自序

（一）

翻開本書的時候，你已經被捲進一個邁向人類新里程的宇宙漩渦。

（二）

宇宙以漩渦的形態出現，在無形的宇宙間，氫和氦，發生質子作用而逐漸旋轉，形成星河。地球是星河中一個非常細小的星球，它的形成是這個龐大無倫的宇宙漩渦中的結果。

無形力量以漩渦的形態過渡到有形物質，一旦變成物質，永恒的本質消失，逐經歷佛經所說「成、住、壞、空」的物理嬗變的必然過程。

我們的世界由不同的漩渦構成。

地球是一個大漩渦。

作為地球上的一分子，我們的思想結合宇宙漩渦，成為不同的人間漩渦。

我們將四周的事件捲進來，順應因緣，衍生成家庭、氏族、國家以及各式各樣的功業。

我們既是主角，也是配角；作為子女，也同是父母；作為學生，也同是老師；我們既將四周的人捲進來，也被其他人捲進去。你在閱讀本文時，同樣可以說，我被新紀元捲進去的時候，也將你們捲進來。

（三）

　　我常對首次來「水晶宮」的朋友說，「水晶宮」是一個大漩渦，我並不是漩渦的中心；背後的宇宙意識才是。它是無可抗拒、威力無窮的「白洞」。我和你們因緣巧合，結伴走在同一道路。

　　公元二千年後，地球的星運由黃道十二宮的雙魚座邁向水瓶座，標誌着新文明的開始。這個新文明的出現，因為水瓶座帶來與雙魚座截然不同的磁場能量，直接改變了人類的體質及思想變化（詳見書內介紹），長遠來說，人類自黑暗的潛意識世界走出來，重見自由的光輝，然而在短暫的過渡期，地球的磁場變化會帶來衝擊與混亂，不能適應的人，身體及思想容易出問題，一瞬間便被淘汰掉，不能享受美好的明天。

　　為了自己及下一代着想，應先做好準備工作，第一步由水晶着手。

（四）

　　水晶是水瓶座的能量來源，亦是上一代地球的文明——大西洋的餘粹，用得好，開發身體及心靈效用無窮，調整雙魚座與水瓶座的不同能量頻律，水晶是最理想不過的工具。

　　學習水晶，第一步從愛心開始，明白這個道理，亦等如明白做人的道理，找回現代人失去的目標及歸宿。

　　將水晶學問擴大，先由我們自身的改造，進而與整個世界結合，創造出永恒不滅的真我。

（五）

這本書原名《衝破水晶迷宮》，是我的第三本新紀元著作。後來，發行公司負責人對我說，很多書店誤會《水晶宮之旅》是旅遊自助餐（可能以爲水底尋寶），將它放在旅遊書籍一欄，做成諸多不便，懇請我不要用如此抽象，撲朔迷離的書名。

我一笑下，改爲《活用水晶》。名字本來不重要，只是一下間變得如此直接赤裸，有違一貫作風，特此解釋一二。

然而，《衝破水晶迷宮》是一個貼題的書名（看下來你當同意）。

這本書基本上已衝破了現代西方水晶學的局限，而與東方古代神秘學結合，成爲一本嶄新活用水晶的學問。內文有很多應用方法，是從未在西方水晶學出現的。

我無意製造中西文化的分歧，相反的，我十分努力將兩種文化融合，創造出更完整、更適合現代人的水晶學。我本身的因緣便是做這方面的工作。

水晶是能量的來源，很多人不停地問，「怎樣運用水晶？」說到底，只是一句話："Energy Follows Thought"，亦是佛經說的：「諸法唯心做」。

除此之外，再無竅門。因此，活用水晶要修心。明白這句話，你才是真正明白水晶，才可以將這門學問活學活用，應用到生命所有層面上，創造出既奧妙又實在的奇蹟！

目　錄

1　怎樣用水晶改風水

（一） 炁流——生命的原動力

我曾經說過，我用四塊大水晶，改變一間屋的風水，一間沒有炁的屋，變成有炁的屋，將一間沒有財炁的屋，變成財炁的屋，一間充滿負性能量、令人奄奄一息的屋，變成生機盎然的屋。

這間屋便是我以前的住所。

有些人看了，覺得不可思議，那怎麼可能？一塊水晶再大，也大不過自然的力量。

九宮飛星是計算天體對人的影響，如果煞星出現了，一塊水晶怎樣化解它呢？

這個問題，要回答起來，也不是那麼困難。

既然傳統的風水大師說，一碟鹽可以化解廁所的穢氣；一道屏風可以阻擋門口的沖煞；五個風鈴可以化解五黃等等。既然區區小道也具如此舉足輕重的功用，爲什麼水晶不可以製造出更驚人的效果？

說實話，水晶遠比上述物體擁有更大的能量。

水晶，尤其是晶簇，不停散發如小箭的能量綫，這些能量擴大百萬倍，便成爲風水學的炁流。

炁流爲什麼這麼重要？

炁流重要，因爲生命的起因，便是由炁而產生的，它是生命的原動力。

沒有炁流的屋，環境再好，佈置再華麗，人居其中，會不自覺地感到乏味，了無生趣、空虛，容易生病以致奄奄一息。

很多人不願意回家，其實是潛意識的逃避，害怕在一間對自己有傷害的屋子居住。

因此，想令自己徹底地享受居住的快樂，必須顧及無形

力量，風水學的意義便在這裏。很多人研究風水，只視爲環境學，這是錯的，風水學的範圍遠比環境學深遠。

（二） 紫晶山與白晶簇

很多人問我，怎樣用水晶改變屋子的炁場？我自己的經驗又是怎麼一回事？我用什麼水晶改變屋子的風水？

我曾說自己用過百磅的水晶改變整間屋的風水。不過，它不是一整塊水晶，而是四塊水晶——四塊大晶簇，兩個紫晶山及兩塊大白晶晶簇，全屬母體水晶。

我將它們分置於屋子的四角，然後用觀想的力量，將它們連繫起來；在大廳，亦是屋子的中央，造成一個炁流的漩渦。

這個炁流的漩渦，亦是宇宙的漩渦；出現之後，能自強不息，不停地運行，滋潤整個屋內的生命，令他們得到保護，豐盛地生存下去。

爲什麼我用兩個紫晶山、兩個白晶晶簇，而不用同一類型的水晶？

其間很有點學問，又或者個人的心得，而這是外國所有的水晶書都沒有述及的。

紫晶山和白晶晶簇，表面上都是同一樣東西，實質上是有分別的。

我們常見的紫晶山，本來是一個蛋球的物體（有如瑪瑙蛋），開發出來後，用電鋸一分爲二，便成爲我們常見的紫晶山。

紫晶蛋的能量是內斂、內向的。大家細心觀察，當可發現，所有的晶簇，都是朝蛋的中央而生長。

所以，紫晶山有非常巨大的凝聚作用，它可以凝聚屋子的炁，使其停留下來，不會散失；但它沒有擴散炁流的作

用。

不但如此，如果你的屋子有兇煞，好像我以前的住所，外面有巨大的負性力量襲來，紫晶山的抵抗性或擊散的作用是不足的。

這個時候，你便要用白晶簇。

大家可以看到，白晶簇有如刺蝟般的晶柱，上下左右，向四方八面伸展，從中發射的能量，也是如此。

它對於打散負性能量（風水上所謂惡煞），特別有效。

（三）　自強不息的白晶簇

外國有一位很出名的水晶專家，寫過一篇經驗之談，說他自通靈以來，不停的受到幽靈的騷擾，經常早上起來，累得起不了床，情況有如聊齋小說中，書生被女鬼吸食了精氣一樣。

他想了很多辦法，沒有一個生效。最後，他在屋內放了一塊晶簇，重十多磅，同時間輸入了一個保護的信息，自此即得到了平安，再沒有受到這些靈界的糾纏。

我自己很喜歡白晶簇，住所、寫字樓總愛放上兩三塊，喜它可以自動調整屋子的氣場及化解外來的不祥之氣。而且，其他的水晶需要清潔，晶簇卻有自強不息的力量，壓根兒不需理會。

香港很少大白晶晶簇。好的大白晶晶簇，罕有而難求。水晶商通常都將白晶打散成工業用料。完整的大白晶晶簇，已成收藏家的恩物；它們的供應越來越少，尤其是優質的，一年也找不到一塊。

（四） 選擇晶簇的秘訣

選擇晶簇，有幾個秘訣：

如果是紫晶山，形狀奇特、質地越紫、越通透、重量越大，越受歡迎。有些人喜歡大柱粒，有些則喜歡小柱粒，這是個人喜好問題，不必執著。

現在有些紫晶山是人工入色的，必須小心識別。

紫晶開發智慧。家有小孩，及經常用腦的人，特別適宜多放紫晶在居所，它會帶來聰敏與活力。

如果是白晶晶簇，你要留意柱羣是否完整，是否通透，是否在一種美麗的規律下生長。優質的白晶柱簇，自有一種自然的美態；有些像蓮花，有些像山巒，有些像駿馬，總而言之，像宇宙間美好的東西，一見難忘，令你愛不釋手。

還有一點，水晶的色彩要閃亮（Shinning）。暗啞的色澤代表它受到傷害，喪失靈力。

後記：

好風水的定義，每個人不同，對我來說，令人精神愉快，身體健康便是好風水。如果你希望一間屋有更多的好處，便要用其他的晶石配合。紫水晶及白水晶「未必」會帶來事業及財富，直至你懂得用其他晶簇，如茶晶、骨幹水晶、黃晶，三者結合產生落實（Grounding）的效果，才會有額外的收穫，這個小秘密我一直沒寫出來，因爲有些朋友實在太急功近利，對水晶缺乏起碼的愛心，不大好。

此外，很多朋友以爲天然建築石料一定有益，這是一知半解的錯誤。外國有些科學研究已經證明某些建築石料如花崗岩，會散射出氫氣，對人體呼吸器官產生致癌的影響。我

有位朋友去年在深水灣買屋，事前找過風水大師視察，認為無懈可擊；爲知入住後家人頑疾頻生，運氣中落，完全不是那回事。他找我求助，我答應去看個究竟，踏進大廳，已感到渾身不舒適，磁場非常雜亂；研究下來，發覺石料出錯，那種豪華的鋪陳其實對人體細胞極度有害，朋友聽我勸告，將原有的裝修全面翻新；三個月後，家人健康及際遇全面改觀。

因此，選用天然石料一定要小心，其間大有學問，不要以爲凡天然的便一定好。以下附錄一篇我在外國雜誌看到的有關風水的報導，可作參考：

「此間一門日漸盛行的新興學科——地質生理學——竟與風水學的原理不謀而合。

人們雖然對東方的風水原理一竅不通，但在發覺居住環境「有問題」，懷疑對健康或運氣等有壞影響時，便會請這門學科的專家——「西方科學風水先生」來視察房子，定斷「吉凶」，指示化解妙法；爲求居住環境的舒適、健康與安全等，雖然收費高昂，他們亦樂於支付，一切但求心安理得。

根據地質生理學的研究所得，任何安逸、舒適的家居都有可能抵抗不了一些無形的侵害——從日常生活環境中放射出來的震盪波和輻射。收音機、電視機、微波爐、鬧鐘和警報器等，正是這些震盪波的「藏身地」。而從遠處來的震盪波，則源自土地深處及大氣層。

按一名居住在巴黎蒙馬特區的居民說：她在那兒住了十多年，患了失眠、焦慮及耳鼻喉等不適病症。起初，她以爲是家務煩重所致，並嘗試各種方法改善，看醫生，做了好些臨牀實驗，也查不出病因。後來卻從能源安全管制所尋找出原因，原來那地區完全被電台的無線電波和來自艾菲爾鐵塔的電磁波所籠罩，而她居住的四周環境，則散佈着一種超乎

千分之一伏特的電壓，超出了她所能容忍的限度。

據法國一名研究員阿諾的研究報告指出，人體對於天然磁場有着敏感的反應。某些地層剖面，即不同性質的地質，對我們的機體會造成不同的影響。如花崗岩層散發出來的氡氣，就是一種放射性氣體，由於用作建築材料，便會增加罹患肺癌的危險。另外，空氣中的電離子，亦會造成人體壓抑或疲乏感。雖然形成這些生理上的症候羣尚未得到完全證實，不過，細胞的新陳代謝受到左右已是被肯定的，而由此造成失眠、疲乏、偏頭痛及濕疹等症狀，則視乎個人的適應及抵抗能力而產生不同程度的影響。

瑟梅爾女士是其中一位著名的「西方科學風水先生」，除了著書立說外，她還經常應邀上門替人看「風水」。不過，這些專家所用的儀器是折尺，特殊金屬棒或某些科學儀器，而不是羅盤。

通常，專家們會用這些儀器探測屋內哪裏是不受電磁波或輻射干擾的「中性區」，哪裏是受干擾的「有害區」。而所謂「有害區」，即指南北線與東西線的交會點，這些地方最好不要放置牀或沙發。

瑟梅爾女士則建議就算沒有這類干擾，最好也在電視機旁放置一盆仙人掌或水晶簇，她相信這樣可以吸收輻射。」

2　紫晶山揭秘

（一） 治病的神奇療效

紫晶山是香港最流行的晶簇，流行的原因有幾個。一是形態美麗，色彩鮮艷；二是能量優美，每個接觸過它的人，都會情不自禁地被吸引；三是產量豐富，價錢合理。

我們常見的紫晶山多來自巴西、南非以及中國大陸。其中以巴西出產的質素最高。

然而，世界上最好的紫晶不是巴西紫晶，而是烏拉圭紫晶。

烏拉圭紫晶顏色濃冽，極度深紫，渾身散發着令人驚嘆的美妙能量，是同類晶簇的極品。

我第一次接觸烏拉圭紫晶山是三年前的事，那時有一位世伯患上老人柏金遜症，年紀不高，思想已經不大清楚。（成年人有五十兆億腦胞，三十歲後每天死一千個，西醫的說法，腦細胞死了不會重生，老胡塗是必然的命運，至於柏金遜症，則是更快的老胡塗）。

他的兒子跟我稔熟，問我可否用水晶幫忙。

我說，最好的方法是練氣功，如果他願意的話，我教他道家功夫，還精補腦，死了的細胞可以重生。

但是老人家懶惰，不肯學，他只想打針食藥，不勞而獲。

於是我只好用水晶來替他拖延大腦的衰老。

爲了獲得最好的效果，我向一個德國水晶供應商定購了一座一百八十磅的烏拉圭紫晶山。

在此之前我聽過有關烏拉圭紫晶的形容，美國著名的靈學家法蘭克阿道柏博士（Dr. Frank Alper)在其名著《發掘大西洋文明》中，曾特別提到這種水晶。

他引述一個通靈人的話：烏拉圭水晶有兩種特別的功

用，一是驅魔，它擁有的強大能量可以將附於人體的邪靈（包括揮之不去的心魔）驅走，二是醫療，它有異於其他水晶的神奇治療作用。

我為什麼運用烏拉圭水晶，而不選擇一塊優質的巴西紫晶山，想起來，當時是一種直覺。

後來，烏拉圭水晶生效，老人家的柏金遜症有了顯著起色，雖然不能回復如常，已不再惡化下去。

我卻由那時候開始，迷上烏拉圭水晶。

（二） 金木水火土五大類型

這種水晶的震動深遠而沉厚，對着它暝想，靈性領域開發得格外快，心容易平靜，意念趨於集中，渺冥與恍惚間，箇中滋味美妙得難以形容。

而且，它的治療能力也委實驚人，有一趟，朋友打球弄傷了手筋，疼痛難耐，在我的勸告下，半信半疑將手送進去，閉目「浸」了一會，翌日即已恢復如常。

烏拉圭紫晶山並不常見，產量少，價錢比巴西紫晶高；然而，它是難得的寶物，有機會見到，不要錯過。

有些朋友以為所有的紫晶山都是大同小異，這是誤解。紫晶山和人一樣，每個都各有自己的特性，發揮這種特性，才能徹底發揮它的風水功能（所謂徹底的意思是，每一分力量運用到淋漓盡緻，完成願望）。

基本上，紫晶山分五種，用五行來歸類，是為：

（一）金型：如鐘斧，頭圓體肥。

（二）木型：如卓筆，直立挺秀。

（三）水型：如展帳，波浪層叠。

（四）火型：如焰燒，峭峻頭尖。

（五）土型：如方桌，沉厚頭平。

——見風水經典《雪心賦》。

　　以五行相生不悖的道理計，紫晶山與自己的形格配合，才爲有情之局，才可以徹底發揮風水的力量，現時一般用紫晶山只是表面運用而已。

　　一間大屋，如能將五個分屬火、土、金、水、木的紫晶山佈陣，成連珠順生之局，那便自成眞龍之脈，後代福澤無窮。

　　這個水晶風水佈置也不易，問題不是找齊五種紫晶山，而是還得有偌大的地方以作周旋，在外國可能適合，在香港很大可能是紙上談兵而已。

後記：

　　我爲展覽會千辛萬苦地找尋五種屬性的紫晶山，一直沒有解釋，只希望有緣人來問我這方面的問題，可惜竟然沒有人領悟。結果五個紫晶山分別落在五個不同型格的人手上，可謂異數。

順序：土、金、木、火、水型紫晶山。

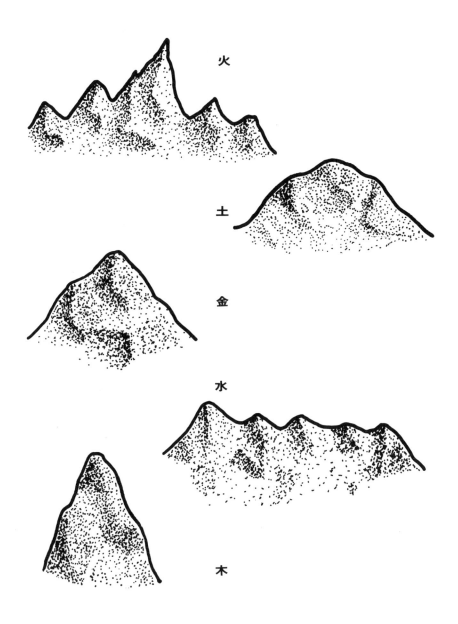

火

土

金

水

木

如圖中所示，火生土，土生金，金生水，水生木，剝換有情。

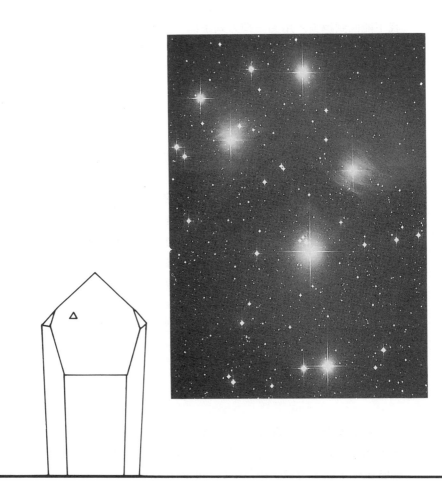

3   如何證明水晶改變命運

（一）　歷史永不重演

一位在大學任教的朋友用挑戰的口吻問我：「你怎樣證實水晶改變運氣？」

我說：「沒法證明，我沒法證明。因為歷史永不重演，我不能回到過去，用另一種方式生活，證明水晶帶來不同的結果。」

同樣的道理，世界上不同的生活方式，都可說是源自各種不同的信仰。誰可證明耶穌死後上天堂？然而，世界上有數以億計的信徒。誰可證明公司的生意和風水有關係？現在大多數的公司都找人看風水。

誰將信仰變成科學上的化驗報告，他一定是另一個愛恩思坦。老實說，我暫時無能為力。

回到家後，我將問題再想一遍。很多人接觸過水晶，都發覺自己聰明了，思想比前敏捷，這是可以解釋和有根據的。水晶的震動開發大腦，大腦細胞的電磁場不斷得到修正，自自然然保持活力及生機，比以前進步。我們大可以作這方面的研究，證明水晶令一個人更聰明，更懂思考。

然而，我們怎樣證明水晶帶來好運呢？

我想了許久，得到一個答案：回到過去是不可能的事；我們且從另一個科學角度，瞭解這方面的真相。

（二）　人體的能量氣場

九二年十一月，我在「天地圖書」舉行了一次水晶展覽會，閉幕前的一天，有位老朋友來探我，他約我吃午膳，但臨時改變主意，帶我到中環參觀一個新玩意。

他帶我去看一部氣場機（Aura Vision）。

這部機是美國人發明的，擁有世界性專利權。它以寶麗來即影即有相機，配合電腦軟件，將人體的電磁場拍攝出來。並附有一篇關於能量磁場的簡介：

「根據美國科學家的研究，證明了人體的周圍有一個能量磁場以不同的層次震動，既影響自己，也影響四周的人。它可以做成吸引或排斥的力量。我們懂得運用它，便可以吸引生命中的事物及經驗。我們的能量磁場震動的高低，對自己及他人都有一定的影響，而其他人的能量磁場也同樣影響我們……」

「根據重要的能量磁場研究顯示，能量磁場以不同層次或速度震動時，我們身體的能量將會反射出不同的顏色。每個人的能量磁場的震動頻率及反射顏色都不同，而且都是獨特的。」

「我們的能量磁場顏色會隨時間改變，但極少會在短時間內改變。例如，生氣時，能量磁場出現一層紅色。」

「觀察自己的能量磁場，等如觀察自己的生命能量。」

看完以上的簡介後，可以得到一個總結：能量磁場反映我們的生命能量，它的強弱決定了我們的運氣，因為它可以吸引或排斥事物。簡單點說，能量磁場的顏色，便是中國人數千年來，一直掛在口邊的——氣色。

很奇怪，我們在三千年前，已經有關於氣色的學問，中國最古老的相學，一直都有提及氣色。

我們的道祖（醫、卜、星、相全是道家的副產品），從第三眼的觀察，瞭解到生命能量與運氣的關係，創造了氣色的學問。

可惜現代人普遍沒有第三眼，誤解氣色便是面色（有時面色多少反映氣色），錯把馮京作馬涼，是為糟蹋古代學問的又一實例。

（三） 不同顏色的光

那天，我花了二百大元，在朋友慫慂下拍了一幅氣色相。（見本書附頁插圖）

一分鐘後，它出來了，我拿在手中，端詳半晌。

朋友追問：「如何？如何？咦？點解我張相冇你咁光？」

且讓我作一簡單解釋。

基本上，這部機器準確地呈現了我的氣色。

大家可以看到，我的以太禁網（ Etheric Web)是呈現金色的，外一層帶白，亦可視爲銀色。

金色的光，在不同的宗教有不同的解釋，其間名詞可能引起神化及誤會，我不想用，還是用回道家的解釋，（近一年來，我全身返回道家的修煉）。在道家眼中，金光是命光，銀光是性光。

爲什麽金光是命光？

原來在道家修煉中，煉精化氣的過程，氣化了的能量，在以太禁網出現，便是金光。

而第二階段，煉氣化神，神爲性光，在以太禁網的外層出現，便是銀光（也有用白光來形容）。

換言之，金銀光便是性命雙修的能量顯示。

我的氣場有綠光，雖然不太強烈，也可清晰看到。

綠光便是事業的宇宙光。這段期間，我開展覽會，籌備「水晶宮」的誕生，也算是小小的事業。

另外有散佈四周的粉紅光。粉紅光代表人緣。在展覽期間，我結識了不少新朋友，人際間關係融洽，遂有粉紅光。

照片左右兩端出現藍光。藍光是喉輪的光，反映語言的運用。事實是在展覽會中，我講足了十日，說話之多，前所

未有。

氣場四周，有暗紅的光，這是肉體過度疲累的迹象，爲了籌備展覽會，整整一個月，我沒有睡過好覺，連打坐的時間也沒有，疲態畢露。

大家還可以看到，我的金光在雙臂間中斷，沒有連接下去。這是落實能力不足，因爲我一向是個傾向思維發展的人，不大想接觸世事。

總括來說，這幅照片反映出我在當時的運氣及遭遇，十分準確。

（四） 改造命運的能量氣場

回到文首的話題，我們怎樣知道水晶可以改變運氣？

如果我們相信，人的氣場可以吸引生命中的事物，我們便可藉水晶的氣場，改變人體的氣場，改造命運。

什麼是命運？

在能量學來說，生命是一團能量，這團能量受業力牽引，與同類的能量走在一起，遂出現「物以類聚」的遭遇。這是說，先天的能量——與生俱來的震動頻率，我們不去改變它，便是「揸頸就命」做人。改變它，便是改變命運的軌迹，擺脫上天的制肘。

所有的古代玄學，都不把命運當作什麼一回事。因爲古代的智者明白命運的構成原理，他們懂得改造人體的能量場，來達到改造命運的目的。

密宗說：「即身可以成佛。」

道家說：「我命由我不由天。」

它們是人類對抗命運的偉大宣言，沒有什麼比這個更令人鼓舞及自豪。

用現代科學術語，他們對人類的能量場作出翻天覆地的

改造，徹底將生命還原，將能量凝聚到永恒不滅，超越時空。這種境界，已不是我們還在埋怨「命運造人」的小人物可以領悟得來的。

即使是這樣，現代人還可以從中得到領悟，成仙成佛是神話，逢不可及，但將身體的能量場改變，達至名成利就、佳偶天成、龍馬精神等目標，卻不是一個太大的難題。

（五） 水晶改變人體氣場

人體有氣場。

水晶也有氣場。這個氣場遠比人體穩定，純粹及強大。

我們運用水晶的氣場，改變自己的氣場，能量頻率轉變，自自然然達至吸引得以前沒有的事物，也自自然然避開能量不足，而自招其咎的悲慘命運。

水晶配戴在身，可以改變氣場。增加光亮度，減少不幸（亦即負性能量聯繫的機會）。這跟古代宗教的護身符或佛像，道理相同，有科學根據，而非迷信。當然，這些護身符或佛像，一定要由有強大法力的人加持，將精神力量附上，才會出現力量和有效。開光的真正意義就在這裏。

水晶不用開光，也有光明。（也許稍後我再用氣場機拍攝水晶的不同氣場，證明這點。）用水晶打坐，或放置在家中，製造優美的氣場，等如將自己放在一個能量改造器中，不斷改變身體的遺傳密碼，做得好，提升的幅度非常大，命運改造再也不是什麼的一回事。

簡單點說，在運用水晶前後三個月，你可以分別拍下兩幅氣場照片。比較之下，你會發覺，自己竟有如此的不同。

氣場較前明亮而有活力。

如果你相信生命便是力量。

你便會同意，命運的確在改變中。

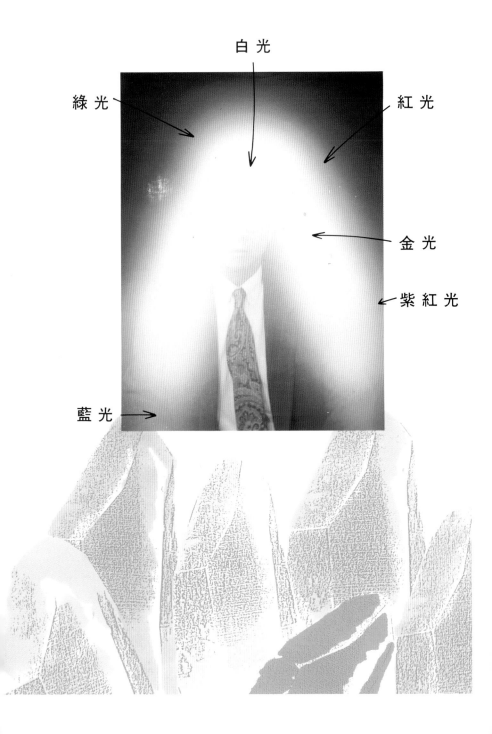

白光

綠光

紅光

金光

紫紅光

藍光

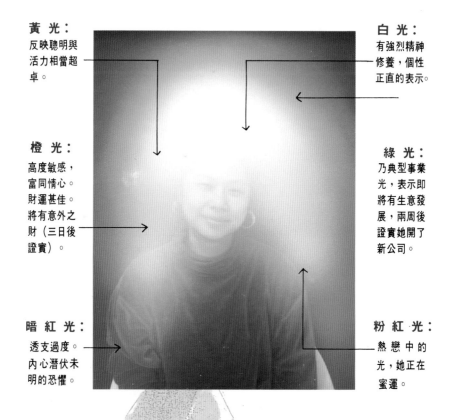

黃光：
反映聰明與
活力相當超
卓。

白光：
有強烈精神
修養，個性
正直的表示。

橙光：
高度敏感，
富同情心。
財運甚佳。
將有意外之
財（三日後
證實）。

綠光：
乃典型事業
光，表示即
將有生意發
展，兩周後
證實她開了
新公司。

暗紅光：
透支過度。
內心潛伏未
明的恐懼。

粉紅光：
熱戀中的
光，她正在
蜜運。

我努力說服朋友朱小姐拿出氣場照，再作一示範。這張
照片，完全反映出一個月內她的事業及愛情運程。我跟
她打賭，一年內她會結婚，根據理由是甚麼？且保留一
點小秘密，有機會再說。

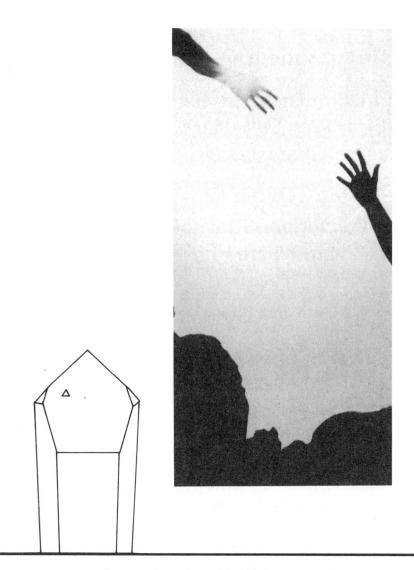

4 人與水晶的結合

（一） 兩種能量相結合

展覽會開始了兩天，我趕回辦公室繼續這篇文字，雖然很匆忙，心裏還是感到高興的。在展覽會中認識好幾位新朋友，大家對水晶的熱情與着迷，令我重溫起八五年自己初次接觸水晶的情況，一模一樣的熟悉與親切；我看到一位太太握著一塊髮晶，閉目瞑思，跟着高呼起來：「我感覺到，好像電流——」

我情不自禁地笑起來，這句話正是我第一次玩水晶時說的。不過，那時候只有自言自語，完全沒有可以交流的對象。

有些參觀者感應很好，有些比較慢，有位先生足足站了兩小時，努力感受不同的晶石，最後我塞了一塊金髮晶給他，跟着幫他一把勁，在他掌中懸空揉了揉，釋發能量，引導水晶的震動進入他身體，他最後還是有所感應。

在展覽會中，我遇上最多的一個問題是：「爲什麼我沒有感覺？」

我很想耐心的向這些朋友解釋，不過，那些日子實在太過擠迫，沒法騰出更多的時間，在這裏補充一二。

其實，當你手持一塊水晶，放鬆身體，停止雜念時，能量的交流已經出現。

因爲，水晶的構成礦物元素是矽，而人體的礦物元素大部分也是矽，在構成元素的角度來看，可以說同一系統，同一類型（所以你終於明白爲什麼女性隆胸用矽袋）。由於同一礦物元素結構，所以水晶震動時發出的能量，可以進入人體，推動人類細胞的活動，交流遂由此出現。

當能量交流後，人與水晶二合爲一。二合爲一後，我們融合了水晶的能量，刹那間變身，成爲強大無倫的能量體。

有些人天賦敏銳，比較容易感應；有些人比較麻木，難於感應。然而，只要你肯付出時間、精神，以及愛心，真正喜歡這門學問，最後是一定可以感覺到的，我敢保證。

即使你沒有感覺，但或多或少的交流，肯定已經出現。

說回來，上述那位朋友接觸到我的手掌後，大感驚異，他說：「陳先生，你手掌的能量，比水晶還要大。」

這個道理不難明白，我接觸了水晶七年，身體的頻率已調校到與水晶異常接近，也可以說，我已將自已變成一塊大水晶，我站在會場中，第一個聯繫是那塊八十五磅重的大白晶簇，我不停與它作出交流、相應，當我伸出手掌，它的能量也自自然然通過我的手掌發射出去，所以，那位朋友瞬即出現了以前從未有過的感覺。

這其實是人與水晶兩種能量結合後最明顯的實證！

（二） 愛上了大自然

第二個普遍的問題是：「哪塊水晶的能量比較大？請你代我選擇一塊吧。」

如果地方比較靜，我可以很快回答這問題，替對方選擇一塊適合他頻率的晶石，但展覽場地實在太擠迫，是不容易靜下來的地方，所以我多數勸告對方憑自己的眼光選擇，然後交由我鑑定，這樣比較好。

還有一點，這次展覽會中，有一個重要的項目是礦石標本，其中很多形態美麗的天然結晶體，極有收藏欣賞的價值，水晶迷似乎忽略了。

大家過分沉迷能量開發，忽略了對大自然結晶的喜好，這不是件好事。

運用水晶不能從功利的角度出發。簡單點說，你不能從心底喜歡一個人時，你便不會愛上他。

同樣的道理，你愛上水晶，也自自然然愛上所有大自然的東西。這點非常重要，到了最後的進化階段，你不是與水晶結合，而是與整個大自然、整個宇宙結合。

　　美麗的礦石標本勾喚起我們內心的喜悅，是另一類威力強大的水晶。

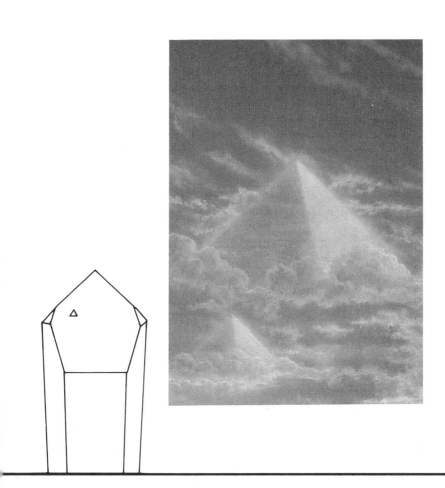

5 金字塔的龐大力量

（一） 力量強大不能抗拒

金字塔水晶內藏有一個由宇宙機制的力量。凝聚礦物而成的金字塔、有白色、綠色和紫色三種。我還搜集了黃色、黑色、藍色以及紅色金字塔，都是比較罕有的品種。

大致上，金字塔水晶產於巴西，八〇年代，美國盛行水晶後，需求殷切，遂有人造金字塔，人造綠幽靈的水晶出現，方法是將白水晶溶掉後，加進綠矽物質，或放在離心機中，加氣泡，造成人工的不同金字塔，原理和人造水晶球一樣，這種金字塔水晶可以大量製造，價錢比較便宜，但能量普遍都很差，得不到預期效果。

金字塔有什麼好處呢？為什麼每一個接觸到它的人都愛不釋手，是不是受了古老傳說的迷惑？

我可以告訴你，如果你是一個曾經修煉過，又或感覺比較敏銳的人，只要一接觸金字塔，馬上會感覺到那龐大無倫的宇宙動力。這種能量四方八面的從金字塔的頂端捲入，以漩渦的形態直落底部，放在手中，你會感到一團力量向下扯，放在頭部（亦即頂輪），你會感到宇宙法流如泉湧來（如果你的頂輪及中脈已經打開的話），令你舒暢得難以形容。

我一直有用金字塔打坐，起先找不到幽靈金字塔的時候，托珠寶公司的朋友替我用白水晶做一個，那時第一次接觸，感覺如遭雷殛。

我說的是五年前的事了。

古埃及人利用金字塔，目的是轉化物質形態，超越生死。

現代人沒有那麼大的理想，利用它為入世，成就世間大業，也是一個理想的工具。

將金字塔放在公司或家裏的財位，配合觀想，可以形成一個能量漩渦，將財氣、旺氣自四方八面扯來，凝聚在它的四周，盤旋不散。

　　如果你懂得道家符籙之術，更好辦，將旺氣入門符貼在金字塔底部，用木架架在大門之上，一下間，再壞風水的屋，都可以扭轉。

（二）　代表白光的凝聚

　　很多朋友追問我金字塔水晶的意義，白、綠、紫三種顏色的分別。

　　三言兩語間，我沒法釋述，現在分章細說。

　　白金字塔代表宇宙白光的凝聚。

　　白光是眾光之母，讀過光學的人都知道，七色輪轉動，就會變成白色一片。

　　宇宙震動有很多層次，有高有低，而白光是最細微，亦是最高的震動層面。

　　佛經所說宇宙由五方佛主宰，五方佛便是五種震動層面，亦是五個不同的時空世界。

　　中央佛是毘盧遮那佛，亦是密宗的大日如來。

　　大日如來就是白光，亦是宇宙的最高意識。

　　所有的力量，由白光演化、擴散出來。

　　對很多朋友來說，白光似乎很乏味，沒有很大的吸引力。

　　然而，我告訴你，只要你獲得了白光的力量，你便可以達成所有的願望。

　　因為，白光是眾光之母，亦是宇宙最高的能量。

　　密宗有五大成就法：息、增、懷、誅、寶。

　　息便是息災法。這個法的關鍵是借用宇宙白光清除身體

的黑氣（亦是業力），回復光明純淨。

回復光明純淨，沒有了黑氣的同類相吸的力量，災難才會遠離而去。

我們中國人一直追求福氣，然而，什麼是福氣？

胖胖白白是福氣嗎？

不用工作是福氣嗎？

兒孫滿堂是福氣嗎？

這些都是表象的福氣，真正的福氣是無災無難，心想事成。

只有將身體回復光明，才有福氣這事。

很多朋友一來便要找綠幽靈水晶。

我介紹他買白幽靈水晶，他便搖頭：「不是這個，這個不是財富水晶。」

求財心切，人之常情。然而，大家有沒有想到，如果一個沒有福澤的人，袋口多了錢，會變成怎樣？

左手來，右手去，錢財老是不聚。

有些人用旁門左道的法術求財，一下間將公司推到老高，結果兩三年後，油盡燈枯的塌下來，錢子也沒賸下一個，比以前未發迹時更慘。

這樣的下場你要不要？

密宗的成就法可取，便是它明白事物的構成真相，正本清源，從根本做起，這才是徹底的改變命運、緣，達至圓滿人生。

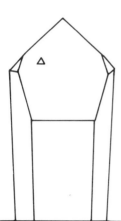

6 扭轉命運的人

（一） 息災的重要

五大成就法中，息災法居首位，有着重大的意義。災難不去，福分不來，一個人不徹底清除身體的災難性惡緣，任何得益都是表面上的數字遊戲，一點實實的好處也沒有。

任你富可敵國，一旦出現了破敗的惡緣，最終也是鄧氏銅山，潦倒收場。

同樣的例子，一個人如果出現了婚姻破敗的因緣，再熱情的擁抱也不過是過眼雲煙，曇花一現的幻象而已。

至於懷有健康的惡緣，如癌症的惡緣，一日不徹底解決，生命的所有追尋都變得沒有意義，令人唏噓及惆悵。

用白金字塔息災，在過去七年間，我曾目睹兩樁印象深刻的例子。

它們分別代表了財富及姻緣不如意的惡劣命運。

下面就是這兩個眞實的故事，說明了當事人怎樣用決心及意志扭轉乾坤，尋回生命的價值及意義。

（二） 天生的傳奇

第一個眞實故事：—

有位先生繼承父蔭，從事一門零售事業。爲了行文方便，姑且稱爲王先生。

王先生十八歲便在父親的店子幫手，因爲天賦聰敏，頭腦靈活，很快便掌握了做生意的竅門，二十來歲時，父親見兒子成材，老懷安慰，索性將全盤生意交由他打理。

這個時候，王先生接掌的店舖，不過是一間略有聲譽，僱用七、八名伙記的舊式零售店而已。

然而，王先生長袖善舞，幹勁衝天，很快地，他覷準了

迅速起飛的經濟熱潮，毅然向銀行借貸，不惜一切，奪得了數隻名牌貨品的代理權。

這個決定，對小店子來說，是一個非常大膽的嘗試。

三年後，事實證明王先生的決定完全正確，他成功地將老店現代化起來。

同時間，王先生積極參加社團活動，成為報刊上一個常見的名字。

三十歲時，王先生已經擁有一間上市公司，生意亦由零售業轉向地產進軍，擁資逾億。

創業興家，少年得志，沒有比這個更令人沖昏頭腦。

忽然間，生命中奇異的一章展開。

有一次，王先生牽涉入朋友的一個私人糾紛。

起初，王先生有恃無恐，自信十足，以為這不過是小問題，只要動用人面關係，花點錢，總可以擺平。

結果呢？小事變大，在對方堅持訴訟下，他竟然被判罪名成立，瑯璫入獄。

（三） 反省的機緣

這個意外，對王先生來說，宛如晴天霹靂，仿如自雲霄墮下，摔個滿天星斗。

更糟的是，他入獄後，市道不景，原來蒸蒸日上的生意，陷於周轉不靈。

王先生在獄中，得到了反省的機會。他原來是個有智慧的人，開始對命運產生了疑問。

他看了很多書，包括子平、斗數以及風水命理等。起初是消遣，然而，越接觸得多，越感到震驚，他發覺以往發生的一切，竟然是一條生命的軌道，他的得意、失落，全部已經記錄在案。

33

他只不過順應命運做人而已。

驚震之餘，術數又帶給他新希望，因爲，他發覺自己有一條大起大落的命，東山再起，絕無問題。

果然，出獄後，他因緣際會，和外國財團掛鈎，四年間一個大翻身，將失落的全部取回來，而且更上一層樓。

但這次成功，並沒有令他衝昏腦袋，相反的，他智慧地透視自己的一生。

他開始爲自己將來打算。

他計算出自己在九〇年有一次大劫，嚴重性和上次大同小異。

知道了將來，怎樣趨吉避凶呢？

八八年，他在一次聚會中，在朋友介紹下與我認識。

（四） 可改的也是命

當時我對水晶着迷到發燒地步，話題總是離不開這門學問。

我將水晶應用到密宗的息災法，效果非常好，我用這方法，爲家裏的老人家解除了兩次大難，其中一次是非常嚴重的手術，醫生事後說，他未見過這種「死過番生」的例子。

當時，話題是另一個朋友打開的，他說：命不可以改；可以改的，便不叫做命。

我答：「命可以改，不可以改的叫做命；可以改的也叫做命。」

跟着，說出自己對改命的見解。

王先生當時聽了，默不作聲，心中卻大爲意動。他在翌日找我見面，再三請教這方面的問題。

我記得，他當時說，一個月前，他算過鐵板神數，過去的應驗了，將來的，不謀而合，都說九〇年是無法闖過的一

34

關，更令他不安的是，他再婚生子，竟然在書中記錄得一清二楚，他不能不為將來那一句「福兮禍所倚」而煩惱。

我說：「不用煩惱，煩惱即菩提，命運給你一次大演身手的機會。如果一個人，像螞蟻那樣任由命運操縱，有什麼生存的意思？」

我教他運用三種力量，改變未來的劫數。

一是從風水着手，利用水晶的強大震動，消弭日漸逼近的危機。

二是從因果着手，我教他努力行善，以善念的回流對衡惡果。

第三我教他水晶息災法。很奇怪，王先生對風水及行善，還有點懷疑，但對息災法，卻毫無保留，誠心地接受。

他說這個方法十分「科學」、「有道理」。

大概本性上，他是個相信自己力量的人。他託我替他找了五個水晶金字塔，分置睡房、辦公室及公司的休息室，一有空暇，便進行這個改造命運的方法。

結果呢？九○年過去了，什麼事都沒發生過。唯一的不幸是一次輕微的交通意外。他的生意比以前更穩定，更紮實，以前老是有一種冒險、賭博的味道，現在呢？他覺得自己是棵「大根的老樹」，再沒有破敗貧瘠的恐懼。

歷史永不重演。

我不能令王先生再活一次，證明他的確改變了命運。

然而，這次事件中，有兩個人相信，一個是我，一個是當事人王先生。

另一個故事：—

（一）　歷盡滄桑一美人

主角是公司同事的一個友人。這個女孩子那時不過二十八歲，但人生閱歷之多，可以列入世界紀錄大全。

她在十三、四歲時，已是不良少女，離家出走，服食軟性毒品，跟異性大被同眠，視爲家常便飯。

然而，這個女孩子長有一張完全與內在質素不相符的面孔，驟眼間看來，非常淸麗秀氣，垂頭不語時，更有一種楚楚可憐，宛如閨秀的文藝味道。

她在十八歲時，因爲男朋友被捕入獄，開始懂事，加入了一間啤酒公司任推銷員。不久，她吸引了一位年輕商人，向她展開熱烈追求。

當時她一個人在外面生活，感到寂寞及孤獨，很需要照顧及呵護，很快便墮入愛河，和對方談婚論嫁起來。

那個男人經常來往省港公幹，個性開朗，但帶點暴躁；結婚後，對妻子千依百順，視若如珠如寶。

婚後一年，生了一個男丁，一家三口，更是其樂融融。焉知這個時候，丈夫在廣州公幹時，應酬時喝醉了酒，和一個酒客吵起來，稍後獨個兒回酒店，半途中被人尋仇，刺了兩刀，不久便死了。

丈夫本來留下不少資產，但公司的一份，卻給合夥人巧妙的併吞了，而其他的遺產，又在親戚半哄半騙下，紛紛落到他人口袋裏。結果，丈夫死後半年，這個女人什麼也沒得到，最後生活逼人，只好同意用兒子換回一筆贍養費。

這時她不過二十歲，教育程度是中三，什麼也不懂，可以做什麼工作呢？

她是貪圖享樂的人，牀頭金盡，跑去當舞小姐。下海三

日，已有位大客對她一見鍾情。後來不知怎的，那位大客爲了避債，踪影全無，聞說躲到南美洲去了。

不過，她已開始懂得爲自己打算，同時手上也積蓄了一筆金錢，倒不愁生活。

之後她再度戀愛，對象是一個髮型師。對方在她的慫恿下，自立門戶，開了間髮型屋，甫一開張，便客似雲來，生意好到不得了。她滿心高興，以爲自己終於找到個理想歸宿。

兩人準備婚禮時，卻忽然發生了一件事，髮型師的戀人尋上門。而這個戀人，不是女的，是男的。

原來髮型師一直有一個親密的男朋友，同居了兩年。

髮型師花了很大的努力，將事情擺平，但已傷透了她的心。

她獨個兒在澳門過了一晚，想通了一件事，對方不是因爲愛自己才結婚，他不會愛上一個女人，他只是覬覦自己的金錢而已。

她毅然放棄一切，包括花耗在這個男人身上的感情及金錢。

（二） 沉迷命理的追尋

她那時二十三歲，對命運大感迷惑，整整兩年，看相批命度日，由江湖術士到命理大師，出名不出名的，由香港到台灣到泰國，看了超過五十人。

她對我說，當時已經對自己完全失去信心，一心想弄淸楚，自己究竟有沒有將來，值不值得活下去。

兩年的遭遇，令她明白了，自己是一個富有的人，一生金錢不缺，卻同時間又是個非常寂寞的人，她永遠不能和一個人白頭到老，桃花終身不斷，但每段感情都是悲劇收場。

她好像看了Ｘ光照片，自知身患絕症的人，感到驚震而絕望。這個時候，她在一次姊妹的聚會中，結識了一位國外歸來的醫生。

醫生年少英俊，甫見她，驚爲天人，隨即展開熱烈追求。

她內心掙扎了很久，把心一橫，仍然讓這段愛情發生。然而，當雙方感情越來越深，越來越發覺不能失去對方時，她的恐懼便會越來越大。

她恐懼失去這段愛情。

終於兩人結了婚。婚後，她變了另一個人，終日求神拜佛，希望借助神明的力量，挽救自己的惡劣命運。

她對神佛的痴迷，到了失常的地步，某個活佛來港，她第一時間接機，貢獻，懇求加持，一年間，起碼飛了三次到泰國還神。

逐漸，她的丈夫感到厭煩了。他是基督教徒，對妻子的行爲不以爲然；在他眼中，一個清麗的女人，變得婆媽而迷信，以往的吸引力已漸消失。

他不參與妻子的活動，工餘到俱樂部打網球，找了診所的一個護士結伴，緋聞不逕而走。

她拜神拜得起勁，終於丈夫忍無可忍下，提出離婚的要求。

她黯然地接受，一方面亦十分心安理得，覺着這個結局，終於應了命運的安排。

（三） 求生的意志

她和我見面，是離婚後三個月的事，朋友介紹她來見我，希望能給她一點幫助。

三年前，她二十八歲，風華正茂，樣貌娟好，但雙目無

神，完全缺乏應有年齡的朝氣。

開口便說：「我有婚姻的破敗因緣，我是知道的，我是知道的，有什麼人可以幫我？」

我答：「沒有人可以幫你，除了你自己。」

起先，她希望我教她用水晶改變家居風水，結果，一番話下來，我教了她水晶息災法。

我還清楚記得當時對她說：「神可以拜，這是尊敬的美德，但改變命運的力量，不是來自神，而是來自自己。」

也許我的感染力強，也許她再沒有選擇，也許上天終於為她安排出路，她接受我的勸告，虔誠的踏上改變命運之路。

一年後，她三度結婚，結婚三年，誕下一個女嬰，一家三口，其樂融融。

她徹底改變命運沒有？

所有的相士都說她婚姻不長，一年起，兩年止，三年是一個沒法捱過的時間，但直到如今，她令所有命運的詛咒失效。

三年，無災無難，如魚得水。

也許，你會問，將來呢？

將來還有一段路，誰知道？

然而，起碼她已徹底消除了恐懼，相信自己可以擁有一個快樂的人生。

因為她相信，命運便可重寫。

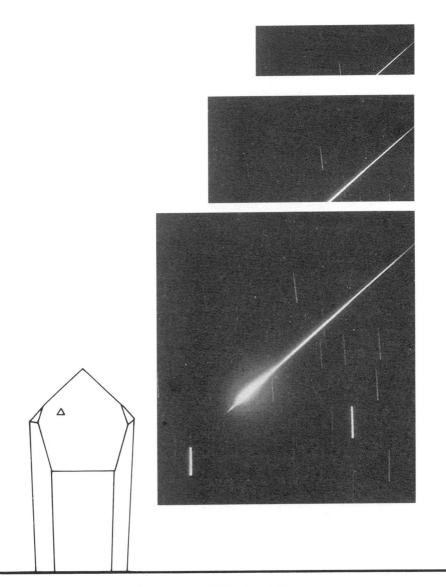

7 水晶息災法

（一） 讓破敗因緣徹底清除

　　白金字塔水晶的其中一個功能是你拿着它打坐、瞑想，觀想宇宙的光自頂輪流入身體，將身體內的黑氣消除淨化。如果你是一個特別有錢財破敗因緣的人，一生人老是無法建立事業或金錢的基礎，你便觀想自己在這方面的業力得到淨化，再沒有貧窮的糾纏，開始豐足的一天。

　　同樣的道理，如果你是一個在婚姻、愛情道上有破敗因緣的人，你作這樣的觀想：白光充盈全身，以往那些不如意的感情、男女關係，如電影亂世佳人的英文名字「Gone With The Wind」。跟着是一個兩性關係融洽、兩情相悅的畫面，取代所有前世今生的不痛快經驗。只要你堅持、有信不斷地努力，你便可以借用水晶帶來的宇宙能量，在一個短暫的時間，迅速改變命運。

　　佛經有很多這方面的道理，但我想，道理聽得太多了，我們也許會感到麻木，於是，我提出一個現代人容易入耳的道理讓你參考。

　　整個水晶靈學的原理是，我們將人生還原為能量，不幸的人生，是負性的能量，要改變負性的能量，只有一個方法，就是用更高、更純粹、更正面的能量取代它。

　　水晶結合我們的心靈力量，就是一種無堅不摧、無懈可擊、無所不能的力量！

　　很多人受業力束縛，與宇宙能絕緣，打坐、瞑想、修法、祈禱，努力了很久，毫無感應，他們沮喪之餘，抱怨上天何其忍心，捨棄了他們。

（二） 懺悔的作用

這些朋友，我建議你嘗試用白金字塔水晶在這方面作出突破。

運用白金字塔水晶，有兩個方法：

（一）是拿着它瞑想。

（二）放在牀頭，使帶來好運。

先說第一個方法：

瞑想時，先作懺悔的禱文，淨化內心中前世今生的鬱結（Complex）。

你會說，我好人一個，從來沒犯過任何過失，為什麼要懺悔呢？

不是的，其實一個人一生之中，有意無意間，總會犯了一些錯，有些為人所知，有些只有自己知道。這些過失往往會構成複雜的內疚及犯罪感覺，在潛意識中埋藏，因緣際會地爆發，成為不可收拾的局面。

一般人，不會殺人放火，不會犯大錯誤，不需要害怕法律的制裁。然而，每個人心中，不自覺受社會的道德觀念約束。表面上，你可能是一個反叛、放蕩不羈、無拘無束的人，但內裏，你仍會介懷別人對自己，或是自己對自己的看法。

欺騙別人，十分容易。你只要是一個說謊高手，全世界被你玩弄股掌之中，也許到死時，「西洋鏡」仍然不會被拆穿。

然而，你永遠不可能欺騙自己及上帝，你不會心安理得的進入墳墓。

在這方面，上帝便是我們自小到大接受的道德標準。

天主教有告解，教徒良心不安，便懇求神父寬恕，神父

寬恕了，教徒如釋重負，歡天喜地的離去。

不是教徒的看了，感到不可思議，神父何來那麼大的寬恕能力？

他真的可以代替上帝饒恕教徒的罪行嗎？

其實，能夠令告解產生力量的，不是神父的一番話。

而是教徒藉着告解，對自己作了一次真正的懺悔。

饒恕罪行的力量，不是來自神父，而是來自教徒本身。

上帝就在他們心內。

佛教有很多懺悔法，較為著名的是梁皇寶懺。整個懺悔儀式長達七日，佛子拜拜跪跪間，營造出懺悔的心理狀態，在一刹那間，將隱秘的犯罪感覺釋放出來，達到一次徹底的解脫。從此脫胎換骨，擺脫災難，解放自己。

（三） 改寫命運的畫面

古代宗教的儀式，背後有極其精密的設計及深奧含意，他們對人的心靈瞭如指掌，先懺悔，後淨化，再提升，循序漸進，實實在在是一套進化的大學問。

如果你不明白背後的意義，人云亦云的隨波逐浪，終身在教堂出入，也始終是一個被逐出伊甸園的亞當或夏娃，一直為得不到上帝的寬恕而耿耿於懷。

所以，息災之前，先要懺悔。

懺悔禱文因人而異：「我對以往所作的惡業，深感後悔，我決定不再犯同樣的錯誤，重新做一個好人。」

諸如此類。

最重要的，你要有那顆懺悔的心，的的確確，對以往的過錯表示悔意，很多人會嚎啕大哭，哭一次，心靈淨化多一分。

懺悔的過程重質不重量，麻木不仁的，懺悔一萬次、一

億次也無濟於事；眞正懺悔的話，一次已足夠。

「放下屠刀，立地成佛」，便是這個意思。

懺悔完，你繼續淨化身體的惡緣，如貧瘠的惡緣、婚姻不如意的惡緣、健康的惡緣、意外的惡緣、橫死的惡緣、孤寡的惡緣、人際關係不和的惡緣等等。每個人多多少少知道自己的運氣，該針對哪一個問題，你自己來作個決定吧。

這個時候，你作一個觀想。

左手捧着白金字塔水晶，觀想白光，由金字塔散射出來，由左手擴張到左臂，散佈全身。

當全身充盈白光時，身體的黑氣被迫出毛孔，每一個細胞回復光明，你的惡劣命運馬上得到脫胎換骨的改寫。

跟着下來，你進一步的觀想，用一個美好的畫面取代以往不幸的畫面，如以前人際關係失敗，四下結怨，樹敵甚多的人，應該觀想自己在中央，朋友濟濟，笑容滿臉，溫暖而親切的簇擁着自己等。

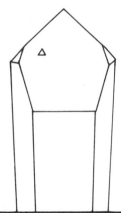

8　睡夢改運法

（一） 與宇宙白光融合

運用白水晶金字塔打坐，有兩種方式，一是用左手捧着它，右手在左手下面承托；二是將金字塔放在頭頂上面。我自己曾經試過找人造一個小木架，上面鑽一個五角錢幣的小洞，讓金字塔的力量透下來（不必將它貼得太近頭頂，距離一呎左右便可）。

第一次運用金字塔水晶，你可能會感到十分不舒服。重甸甸的，彷彿有一團無形的壓力，令你透不過氣來。這是因為你還未能與宇宙光融合的緣故。這個時候，你便要練習心無雜念，步向「無我」，與宇宙白光融合。

當你心中呈現空白，無我執時，身體的子光便出現。子光出現，身體的頻率已調校到頂輪，亦即是白光的頻率。這個時候，你便可以投入宇宙，亦即是佛經所說「大光明藏」的世界。

投入宇宙後，天人相應，二合為一。於是，你便可以轉動法輪，完成心中的所有願望。法力的奧秘便在這裏。

白金字塔是一個威力強大的輔助工具。起初的時候，如果你道行未夠，雜念頻生，無法與宇宙光融合，頭痛會出現。

出現得太厲害，你要停止。再繼續下去，便成「揠苗助長」欲速不達這成語故事的現代版本。

不過，還有一個保障的方法，頭頂放白金字塔，腳下附近放茶晶、黑曜石（Obsidian），或是骨幹水晶（最好的選擇），上白下黑，盡量令身體出現平衡。

下面放黑石的好處是，當頭部能量盤桓不去，呈現飽和過度的時候，黑石獨有向下沉的頻率，便會自自然然將它帶落下身，自腳底流走，令身體恢復正常。

水晶吸引人的地方便在這裏，高頻率的白晶固然有用，低頻率的茶晶，也不容忽視。下次見了我，不要老是問：「哪一種石威力最大？」

這句話，等如問：「哪一種食物最有益？」

其實，每一種水晶都有獨特的能量，你懂得組合它們，便可以構成宇宙的彩虹，亦是人間的大圓滿，再無遺憾！

（二） 牀上的修煉

有一天，有位朋友買了個白金字塔水晶，問我怎樣運用。

他是個醫生，很忙碌，沒時間打坐。

我想了想，便答：「輸入一個息災的訊息，將它放在牀頭。」

這個方法非常懶惰，有違原旨，不過也是很有用的。

每個人一天總有七、八小時在牀上，花去了一生人三分之一的時間。如果說浪費，沒有比這個更甚了。

怎樣可以利用睡覺來做一些有益，而有建設的活動？

你懂得利用水晶，這是個不難解決的問題。

一個睡夢息災法是這樣的。

在睡覺前，你先平靜心情，然後將一個信息投入金字塔的尖端，說一句確定語：「你會引入宇宙光明，淨化我身體內的黑氣。」再觀想一個畫面──甜睡時，金字塔水晶散發光明，將你全身籠罩，蒸發掉身上的黑氣（黑氣代表業障）。

把這個金字塔放在牀頭，便從此生效（但緊記不可讓人碰）。

以後，每晚臨睡前，花一兩分鐘時間，重複一個息災的畫面。再觀想金字塔水晶，在第三眼的位置出現，大放光明

（這是一個聯繫的步驟）。

　　只要你用心的做，很短的時間，你會發覺它產生不可思議的宏效。

　　你會發一些令人難以忘懷的夢！

　　這些夢是引爆了惡運密碼的結果。

　　（用水晶改造夢境──亦是潛意識讓自己從心所欲的在夢境穿梭，是一個改造命運的大法，我自己在整整兩年間，不停作這方面的實驗，發覺此間的境界非常有趣，有機會我會寫出來，與大家分享。）

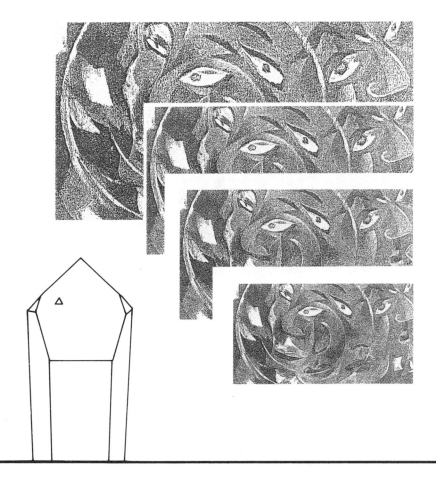

9 水晶的夢魘

（一）　綺夢纏繞睡不寧

水晶是否會令人產生夢魘？

有一位朋友，本身是密宗修行人，境界已不低，可以當上師了，他來「水晶宮」，純粹是鬧着玩的心情，買了一個白水晶幽靈金字塔（這裏說的水晶金字塔，全部是指水晶內部天然凝聚景象，而不是人工打磨的金字塔，二者有很大的分別，必須分清楚），依我指示的方法，放在牀前。

過了四天，他來找我，神情有點困惑。

他說，放了幽靈金字塔，連續兩晚，俱發了一些怪夢。

怪夢？什麼怪夢？

當天他的神情靦覥，半晌，說他發了兩晚綺夢，夢中有個女人來纏他。

這個女人，第二晚看清楚，是他的前妻。

朋友的修為高，一到緊張關頭，自動持咒，他說第二晚最危險的時候，他體驗了釋迦牟尼在菩提樹下遇上魔女的心情，他很自然的誦念百字明，跟着將心「空」了，空了，再不着相，自自然然的脫身，跟着醒來，還清楚的聽見自己在繼續持咒。

朋友起初懷疑，水晶出了問題，有靈體附在內中。

然而，再想深一層，發覺問題的可能性不大。

第一點，他用海鹽將水晶清潔了十二小時，再放在壇城開光，他相信以自己的法力來說，沒有什麼靈體可繼續留在水晶內。

第二點，他每晚睡覺前，以睡夢大手印結界，這是五年來從不中斷的習慣。

他在觀想時，清楚地看到宇宙光在四周落下來，宛如銅牆鐵壁的牢固。

夢中的這個女人一定沒有機會走進來。

他分析下來的結果，這兩晚的綺夢，完全由水晶的能量所引起，遂向我印證。

水晶是否有負面的能量。

我聽了，心中明白，默然不語。

半晌，我說：「有魔考是好事，這證明你道行高深，連魔女也起覬覦之心，回去再試一晚，好嗎？」

翌日，朋友來電，他說，怪夢又出現，這一晚，他遇上生平最古怪的動物，他又被纏着了。

什麼纏着了？

是一條大蟒蛇。

這一次，令到他透不過氣來，幾乎「嗌」救命。

他持咒醒來，已經出了一身汗，感覺非常疲累。

「究竟發生了什麼事？」他困惑：「水晶不適合我？」

我答：「相信我，這是件大大的好事。水晶在淨化你的潛意識」。

跟着我作了詳細的分析，現在扼要的總結出來。

（二）　埋藏在心底的記憶

「所有夢景，都是由過去的記憶所產生，每個人一生中，總有些不好的記憶，埋藏在心底深處，平日摸不到，也感覺不到，然而，它是計時炸彈，亦是業力的因果，到時到候便爆炸了；嚴重的，令你體無完膚，粉身碎骨，輕微的，也是人生進化路途上一個很大的障礙。」

淨化潛意識，可以透過禪定來進行。但很多人，潛意識淨化到了某一地步，便會自自然然卻步不前，他以為已經清理大廳，一乾二淨，誰知道原來還有一個隱蔽的地窖，下面埋了一個地雷。

朋友的惡夢怎樣解釋？

第一二晚的夢代表了性的壓抑，第二個夢反映了他的死懼，都是所謂「心魔」。

白水晶幽靈金字塔的頻率是頂輪的頻率，放在牀頭，到了做夢時間，亦是科學家所謂的眼動階段，它釋放的能量，便會刺激大腦，將所有潛意識的記憶解放出來。

這個時間，如果你是一個抑壓不多的人，你會發一些不着邊際「無厘頭」的夢。

編劇家李碧華小姐便是這樣的一個例子。她買了一個紫晶幽靈金字塔，放在枕頭底；因為聽我說，這樣會帶給她智慧和靈感，令她創作出更好的作品。

過了幾天，她告訴我，一連幾晚，她發了幾個奇怪、很清晰的夢，令她有如置身舞台的感覺。

紫晶金字塔帶來奇妙的創作靈感！

我的朋友的經驗便不如此輕鬆了。他得面對內心世界中黑暗的一面。

將記憶重新找出來是非常重要的，這是我們能夠回復自由、徹底治療感情創傷的必經階段。

只要你能面對以往，你便可以拋棄包袱，從廢墟中重建樂園。

所有的心理治療，都着眼回到過去，只有回到過去，我們才可以讓自己明白，什麼在一直製造不安、死懼、焦慮以及痛苦，這些痛苦很多是我們的無數前生累積下來的。明白了，你才可以將它們消除。

水晶用得好，不但可以消除今世的潛意識創傷，而且可以更進一步，回到前世，令我們更深入、更明白的瞭解自己的命運。

八〇年代，有一齣電視片集叫《根》（Root），描寫一個美國黑人回到非洲，尋找自己的家族淵源。當時，這齣電

視片集風靡一時，許多人也嚷着回中國尋根。似乎，瞭解過去，是每個人與生俱來的渴望，然而，真正的根其實不在外邊的世界，而是在我們過去的記憶中。

只有找到前世今生的根，我們才可以明白，為什麼我們在地球出現，為什麼我們有今天的命運，為什麼我們與四周的人走在一起，以及我們怎樣徹底解決一直以來的失落！

（三） 先破壞後建設

水晶有淨化負性能量的功能。

這是很早以前我已經說過的話。

然而，淨化的過程，不是無風無浪，它遵守物質變化的規律，先破壞、後建設。例如，朋友的夢便是了。

如果水晶令你產生夢魘，由它去吧。

到頭來，結果總是好的。

為了令自己好過，你得學習以下的做法：

臨睡前，先作一番自我暗示的話：

「我不害怕惡夢。惡夢只不過是過去的記憶。我在夢中是一個旁觀者，看到整件事的經過。我會在夢中得到啓示，解開令自己不開心的結。醒來，我會變得更健康，更清醒以及更愉快。」

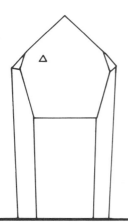

10 綠金字塔是聚寶水晶

（一） 求財的秘訣

五大成就法中的「增」法，是爲增益法，爲祈求財富的入世法。這個法做得好，有兩個條件，一是宇宙光的召喚，二是觀想的財富畫面要清晰。

增益法是召喚黃色（微帶橙）宇宙光，因爲黃宇宙光便是物質世界的財富的本源，密宗財神中著名的一個財神便是黃財神。黃光召喚到來後，本身是一種能量，這種能量按照每個人的意識或潛意識的財富畫面而凝聚成物質。

有些人福澤好，本身有財富的頻率，相應後馬上見效，發一筆大財，有些人財富因緣薄，難以相應，這牽涉因果業力的問題，每個人自己都有一個命運的故事，不必與別人比較，我想說的是，只要你明白其中的道理，肯改進體內的財富因緣，袋裏的錢一定會一天比一天多。

增益法的代表水晶是黃幽靈金字塔，在一塊白水晶，或黃水晶內，有一個天然形成的黃色金字塔。這種水晶在凝聚宇宙黃光方面，有非常強大的能量，可說是宇宙的聚寶盆。不過，這種水晶非常罕有，我多年來只見過三個，其中一個便是前文述及那位朋友所擁有，他利用綠金字塔水晶改變自己的事業因緣，又用黃金字塔水晶增加財富的因緣，二者結合下，便在短短幾年間，建立了一個企業王國。

在《水晶宮之旅》時，我說過黃晶（Citrine）是財富石，很多讀者看了，四下搜尋黃晶。然而，大家可能不知道，真正的天然黃晶並不常見，也不便宜（價值在上升中），現時市面上流行的黃晶晶簇或黃晶粒，大多數是用紫晶加高熱而成，可說是假黃晶。這種黃晶並沒有改變身體氣場的能力，然而，可以作爲一種幫助觀想的工具。

將真正的黃晶放在家裏的財位，有旺財的作用，將黃晶

佩戴在左手無名指，每天起床後作一個財富畫面的觀想，可以吸引更多的財富因緣。

（二） 致命的第三眼

　　密宗五大成就法中的「誅」法，是為降伏法，將一個敵人變為俯首之臣，降伏法是觀想黑光，自自然然，唸珠也用黑石如黑瑪瑙或黑安力士或黑電氣石，產生輔助的作用。但在大西洋文明的年代，有一種水晶，是特別用來作降伏或戰鬥之用的，這種水晶是天然的攻擊性武器，可以在短短的時間，摧毀對手的氣場，大家看到西方神秘學中，描述大西洋文明，因為業力的累積而陸沉，其中一個主因便是濫用這種武器的緣故。

　　這種水晶我不會介紹出來，避免重蹈覆轍，有違水晶學的本來意義。而有些讀者的想像力也令人不安。

　　大約半年前，有位讀者寫信給我，他說，他用水晶柱刺激第三眼，希望可以見到另一個世界。因為他看到我在《水晶宮之旅》中，描寫羅桑倫巴是這樣開第三眼的。

　　我看得啼笑皆非，第三眼是一個心眼，背後是松果腺，在道家來說，是一個非常重要的竅位，這個部位如果用水晶柱刺傷了，不要說開第三眼，影響了內分泌，便後患無窮。

　　我從來沒教過人用水晶柱開第三眼，因為，第三眼的開發，主要是心清淨，簡單點解釋，你用水晶打坐，潛意識清淨了，第三眼自自然然出現。

　　密宗的準提佛母法，是修第三眼之法，這個法本身的精義，仍在心清淨；心清淨，第三眼自自然然出現。

　　心未清淨而強硬鑿開的第三眼，是陰陽眼，本身便大有問題。

　　問題在哪裏？

問題是第三眼和肉眼一樣，都是將外在景物攝進來，在心中形成景象的。

如果第三眼不是自然開啓，有強大的保護光籠罩四周，你看到靈體時，靈體同時也看到你，一個不好，便會上身。

我們經常聽到這種故事，某某人時運低，跟人參觀鬼屋，一瞥間，看到陰幽，跟着回家，發高燒，從此神智不清。

那一瞥間，這個人也是有第三眼的。

不過是很壞的第三眼。

（三） 寶部法的代表水晶

五大成就法中的「寶」法，尋寶圓夢的現實版。每個人心中，總有渴望的寶物，修行人以法爲寶，商人以生意爲寶，女性以珠寶爲寶，知識分子以知識爲寶，智者以智慧爲寶，而寶部的法，就是召喚宇宙綠光，結合每個人的心願，成爲圓夢之入世法。

寶部法的代表水晶，就是綠幽靈金字塔。

我在展覽會時，第一次介紹這種水晶，當時很多人買了，效果如何？

有一位姓高的髮型師，打坐已整整一年，有一晚，他拿起綠幽靈金字塔，在入定時作了一個觀想，以後連續三天，生意增加了一倍，辛苦到不得了，結果他要停止這種觀想，因爲他是個喜歡休閒生活的人。

後來他再改變觀想，希望有自己的事業。結果如何，事情有眉目，下回分解。

另外一位醫生，本身診所業務已非常好，但用了綠幽靈水晶後，額外多了投資的因緣，也發了一筆小財。這兩位都是「水晶宮」的常客，每周總有一次出現，大家有興趣的

話，可以上來聽聽他們本身的心得。

　　還有一個是大家熟悉的朋友鄧拱璧小姐，她是電台ＤＪ，主持的深夜節目，膾炙人口。鄧小姐向來喜愛水晶，不多久前透過朋友和我認識，當時，我送了一枝綠幽靈水晶給她。此後，鄧大姐變成了水晶迷。

　　為什麼她迷上水晶？

　　這是她對我說的話：「我發覺自己的直覺沒有錯，水晶可以令人運氣好轉，幾個月間我在各方面都非常得心應手。」

　　包括搓麻將在內，鄧大姐，是不是？

11 紫金字塔帶來美好姻緣

（一） 「愛」還原爲能量時

紫晶內有一個天然形成的金字塔，是爲紫晶金字塔。

紫晶金字塔用在開發智慧、促進人際關係，如愛情、友情、親情以至上司和下屬的關係，有非常神奇的殊效。

表面看來，紫晶金字塔是紫色的，但它的氣場，其實是粉紅色。

粉紅色，是姻緣色，是兩性間關係融洽的頻率，亦是人際間關係圓滿的色彩，由兩人世界，擴大到整個四周的關係，主要是憑藉「愛」。「愛」還原爲能量時，在地球上表現的第一個光的形態，便是粉紅色。

粉紅色可以令四周的人喜愛自己，同時，也是一股強大的治療力量。

人類宗教史上，不斷出現神蹟，歷史學家說，沒有神蹟，便沒有宗教。這個說法是正確的，沒有神蹟的道理，只會成爲哲學，而不會成爲宗教。

神蹟從何而生？

「愛心」出現時，神蹟應運而生。

就是這樣簡單。

然而，一般人體驗的「愛」，其實是狹隘的個人感覺，一種幻覺及錯誤的投射，與真正的「愛」比較，實在是兩回事。

我們怎樣明白「愛」？

用文字形容，這是「拈花微笑」，不可說的故事。但用另一個角度來說，當我們成功地將心輪打開，與整個世界融合，小我消失，大我出現，愛便是自自然然的事。

紫晶金字塔，便是這方面的代表石。

（二） 宇宙紅光情愛本源

密宗五大成就法的「懷」法，亦是敬愛法。這個法和息災法大同小異，只是在觀想時，用紅光代替白光。

在宇宙彩虹中，紅光便是情愛的本源。紅光出現時，情愛跟着出現，沒有女朋友，變得有女朋友，沒有男朋友，變得有男朋友，沒有知心朋友，變得有知己朋友。同樣的例子，本來是一家人不咬弦的，家婆媳婦如陌路相逢，在宇宙紅光的改變下，心態會作一百八十度改變，變得相濡以沫，家和萬事興起來。

另外，敬愛法用在改善上司和下屬，又或事業圈的關係，同樣也有立竿見影的宏效。

特別說明，宇宙紅光不同霓虹光管的紅光，不要自作聰明，在家裏裝條紅光管，這是沒用的。

我曾經說過，宗教是古代的科學。

如果你明白了，他們怎樣將生命還原，以及掌握宇宙的法則，你會同意，在宗教的迷霧下，隱藏了很多現代科學所沒法解釋的知識及答案。

一個人的心被宗教的成見束縛，不能撥開迷霧見明月，這是一件可惜的事，你會在進入二〇〇〇年後被淘汰。

（三） 心念端正吸引愛情

古代的宗教，用「佛」、「菩薩」、「神明」、「真神」、「上帝」的名字，代表不同的宇宙光。

在密宗來說，最出名的一個愛神是「愛染明王」。這個神，日本人拜得最多，你到日本東密的寺廟，總有機會看到祂，一個三頭六臂的愛神。

愛染明王面相呈忿怒，內心剛好相反，有大情愛的本

性，祂曾許下誓言，凡是供奉祂的世界男女，皆得到世間的情愛，夫妻緣盡者，痴男怨女，姻緣不如意者，凡修煉愛染明王的敬愛法，皆得如願以償。

「愛染明王」敬愛法的修持，先找一百零八根紅蓮花花蕊，作為供品，再作一個紅光的觀想，這是此法修持的關鍵。明白了宇宙光的原理，你便會明白此法的構成秘密在哪裏。

然而，你不相信宗教，只相信科學，有沒有辦法達到同樣的目標？

當然可以。

你只要用一個紫晶金字塔，再加上紅光的觀想，一樣可以扭轉情愛不如意的命運。

方法是這樣的。

先拿一個紫晶金字塔，如果是小的，捧在左掌中，大的，放在前面三尺之地。同質素的水晶，能量與體積成正比例，所以愈大愈好。大的紫晶金字塔，可以散發出強大的紅色氣場，迅速改變人體的氣場，達到事半功倍之效。

將身體放鬆，進入安寧的狀態後，觀想紫晶金字塔發出紅光，由左掌而入，逐漸佈滿全身，跟着心輪出現紅光。

心輪的紅光出現後，宇宙紅光自頭頂而入，子母光相會。這個時候，你便可以觀想心中渴望的情愛畫面。

渴望婚姻如意者，心中泛現一個兩情相悅、如漆如膠的恩愛畫面。

渴望人際間關係融洽者，心中泛現一幅眾星拱月、相談甚歡的融洽畫面。

渴望事業變得如意者，心中泛現一幅長袖善舞、禮待有加的畫面。

一家人的團結願望，可以用一張合家歡的圖片放在紫晶金字塔之下，達到信息傳遞的目的。

作這個水晶改運法時，心情不可以激動，但要綻發出喜悅的感覺。腳下要放一塊樹化石、茶晶又或最好的骨幹水晶。

因爲愛情是地面的活動，要將宇宙光化爲物質，必須與地面的力量結合，樹化石及黑石，有着下沉、植入地面的能量，二者結合之下，才會產生實踐的成效。

還有一點要注意，觀想時必須心念端正，否則召喚來孽緣，自討苦吃，那便不是敬愛法的原意。

用紫水晶時，最好將一個白水晶金字塔放在前面，幫助開發頂輪，將宇宙紅光帶入，同時間產生淨化的作用。

紫水晶金字塔除了用來打坐，也可在輸入一個情愛的信息後，放在牀頭或附近，每晚臨睡前，想它一想，達到改造人體氣場，產生令人鍾愛的效果。

要吸引新的情愛姻緣，一點不難，我教過好幾個人，他們都在短短的時間內，找到新的異性朋友。然而，我想說的是，現代都市人，渴望的是永恒的情愛，而不是逢場作興的一段情，要達到這個目標，單是修增益法是不行的，你必須同時間修水晶息災法。

原理已在上一次說得很清楚，不重複。

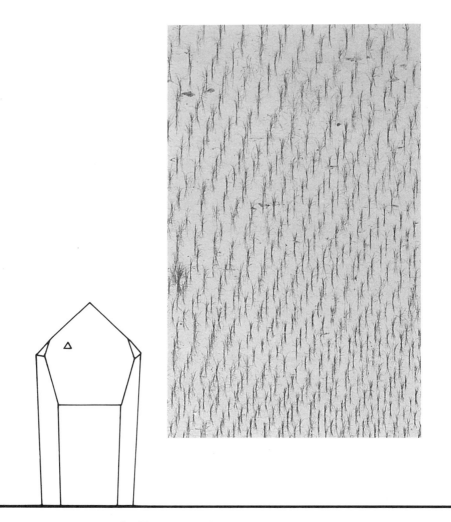

12 事業生基法

（一） 不可分割的關係

　　很久以前，我學風水，企圖以現有的科學知識，瞭解古代的學問究竟是什麼一回事。當時我視陽宅風水為環境學，覺得其間大有道理存在；但對陰宅風水，不以為然，總是沒法找到令人信服的根據。一個死了的親人又怎會影響子孫的一生？

　　在古代的風水故事中，陰宅風水被渲染得最為厲害，例如清代袁枚的「子不語」中，便有養屍地的記載。據說在乾隆六年間，山西殭屍為患，原來當地土質乾燥無水，屍體難化，新死即埋，吸取地氣後，便會長出白毛，變為殭屍。

　　地質既然可以令死者復生，也可以令子孫受蔭。相傳明太祖朱元璋，落拓時背着父親的屍體，無以為殮，後來因為避風雨，意外地將屍體留在龍穴，結果一個大翻身，由窮小子變為九五之尊。

　　這類渲染陰宅風水的故事委實令人難以信服，一個人的命運如果由死者來決定的話，那麼這個世界的人都不必努力，只要一心一意替祖先找塊安眠地，便可交叠雙手安心做人了。

　　然而，後來我進入心靈的世界，體驗宇宙的本體時，思想開始改變。

　　陰宅風水是存在的。

　　因為，祖先是我們，我們也是祖先。

　　用現代的科學角度，全息論便是一個恰當的解釋。

　　全息論說，局部便是全部（ A Part is The Whole ）。全息論最先應用於激光全息攝影，科學家將底片的一個小碎片，用激光照射，便可呈現底片的全部影象。

　　這個定律引伸下去，人是宇宙的一部分，彼此間有不可

分割的關係。

衆生皆我，我皆衆生。

如此類推，我的一根頭髮等如整個身體。

英國有一種古代的醫療——遙診（Absentee Healing），將千里迢迢外的病人的頭髮、指甲放在面前，祈求後，產生了不可思議的治療奇蹟。現代人不明所以，但用全息論的角度看，這是可以解釋的，醫治一條頭髮，等如醫治一個人！

同樣道理，因爲血緣關係，祖先和我們有着強烈的無形聯繫，他們的屍骨吸收的能量，同時也會反應在後人的身上。如果是好的，子孫受惠，如果是壞的，子孫被尅，陰宅風水的道理便在這裏。

陰宅風水的重要性不容否認。

然而，我們應該知道接受的界限在哪裏，陰宅風水再重要，也不過是生命的部分力量而已；誇大了它的作用，將人的自主力量貶低，成爲一個宿命論者，任由先天條件魚肉，是遠比養屍地更可悲的結局。

所以，陰宅風水可以接受，但不必太在意，改進自己遠比什麼都重要。

（二）　佈下七晶陣

跟着下來，一個有益有建設性的問題：我們怎樣利用這種古代知識改善自己的命運？

古代的道家，有所謂「生基法」，原理和陰室風水一樣，不過，它不是利用死人來做的，而是用生人來做的。

我將這個方法稍爲改動，用七顆水晶，代替了古代的符咒，先後教過幾個朋友，十分有效，因爲問的人愈來愈多，索性寫出來。

71

方法是這樣的：

先找一張潔淨的白卡紙，在上面寫兩個交疊的三角形。

三角形是等邊三角形，大小長短以七數爲合，即是每一邊長七吋或七公分（如圖示）。

按照圖上的次序，放下七顆綠幽靈水晶。

再在中央放一張自己的照片，照片必須充滿喜悅之情，背後書寫:「如意吉祥，生意興隆」，然後再在照片上豎立一顆主石（體積比其他六顆大一倍），以收凝聚之效。

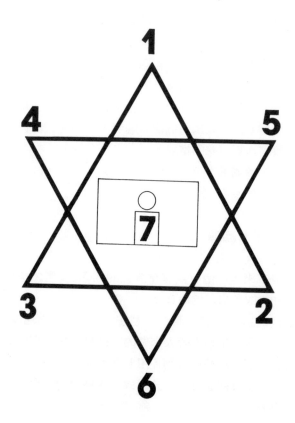

如果你要求再嚴格一點，造一個銅的金字塔（比例一定要正確），將「七星圖」蓋罩，再在金字塔的四邊放上水晶柱，柱端指向金字塔中央，在西方神秘學，這便是流行一時的「充電」法。

　　兩個對疊的三角形圖案有什麼作用？如果你修習密宗，便知道這是「生法宮」，是一個強大的動力符號。

　　跟着的問題是，這個事業的生基陣應該放在哪裏？

　　古代的道士會告訴你，最好放在龍穴，但在香港，這無疑是一個笑話。你將它放在家裏藏風聚氣的地方便可以。

　　如果你擔心家中的風水不好，再要安心點，在白卡紙下放一塊紫晶簇或白晶簇，用它們生生不息的能量，淨化及加強這個發電廠。然而這塊晶簇質地一定要好，有很多晶簇用鏹水漂白，帶有負性能量，千萬要小心，不然弄巧反拙，生基不成，反受其害。

　　還有一點要留意，這七顆綠幽水晶必須潔淨，逐一輸入事業的信息及愛心。最好持着它們靜坐七天，將它們變為自己的一部分。

　　最後亦是最重要的一點，將生基法用正確的方法發動，形成漩渦，它便會馬上生效。

　　同樣的道理，你可以用七顆白幽靈金字塔水晶造一個息災生基法，又或七顆紫幽靈水晶造一個姻緣生基法——只要你不怕麻煩的話。

　　有位朋友問過：用七根輸入信息的白水晶柱代替綠幽靈，行嗎？

　　我答：可以。假如你對自己的觀想能力有信心的話。

　　真正的觀想，整個畫面栩栩如生，鉅細無遺，並不是每個人都可以做到的。

　　所以用有事業頻率的水晶，代替事業的觀想，也是一個方便法，起碼它不會令你對水晶失去信心。

七晶陣的醫療，也極為有效。我曾用一個芙蓉晶七晶陣，令一個心肌枯竭的老人家在深切治療室渡過了難關。大家不妨在這方面多作研究，對自己和其他人都有好處。

13 大西洋的七晶陣

（一） 水晶修正負性能量

由七晶陣，我想到一個人。這個人寫了一套轟動一時的書，對地球的上一代文明有一個全面而深入的描述。他提到在一萬五千年前，在我們同一的地方，有一班高智慧的生物，利用水晶來推動整個城市的活動。那個時候，疾病少到不存在，每個人非常健康，因爲他們從來不用藥物治病，身體永不積有化學毒素，他們只用水晶來修正出岔的負性能量。爲了找回這套失落的醫療學問，他以通靈的方法，進入無涯的宇宙意識，將過去的記憶，逐一勾繪出來，形成一幅壯麗的文明畫面。跟着他成爲震動性治療（Vibration Medicine)的專家，在能量轉移（Transforming Energy)方面有着卓越的地位。

可以說，現時外國大部分水晶專家，都是由他的著作中得到啓發及靈感的。

這個人便是「發掘大西洋文明」（Exploring Atlantis）的法蘭克阿道柏博士（Dr. Frank Alper）。

（二） 水瓶座能量場

法蘭克阿道柏博士說，一九八五年三月二十二日，地球進入水瓶座的能量場（另一種說法是二○○○年才開始），這個能量場的震動頻律與以往的雙魚座截然兩樣，因此帶來難以形容的劇變。

宇宙的基本能量結構是以電磁頻律，亦即兩極的能量爲本質的。水瓶座帶來磁場方面的變化，形成了新的能量來源。地球上每一個生物，俱受到這個變化的影響，無一倖免。

佛經和聖經，同時提及到二○○○年前後是劫數末日的年代。為什麼出現這個悲觀的預言？

宗教家說，我們做壞事太多，業力累積到頂點，引爆出窮途末日。

用因果論來解釋，說得通。

但我讀了法蘭克阿道柏博士的文章，卻得到了另外的啟發。

（三） 抑壓人性及靈性

在過去的年代，地球運勢每二○○○年一轉，亦即是說，每二千年地球磁場改變一次，有些改變小，影響不大，有些改變大，引起驚天動地的變化。這道理學過風水的人大致會明白。

過去二千年是雙魚座的年代，雙魚座的磁場，對抑壓人性及靈性有強大的作用，因此在這段日子出生的人，註定在真理的大海中浮沉，要付出無比的意志及毅力才可以到達自我完成的彼岸。

踏進二○○○年，水瓶座出現，不同的磁能，帶來不同的人性變化，相對雙魚座的虛偽及獨裁，這是個真理受重視的年代。

一下間，被抑壓的靈性解放出來。柏林圍牆一夜間倒塌，這絕不是簡單的巧合。請留意歷史，在過去二千年，每一次進步付出的代價如何慘重，你會奇怪，十年間，地球變化之大簡直可用翻天覆地來形容。

地球進入水瓶座，磁能產生劇變，這代表追上潮流，利用新磁能改變身心的人，會踏進光明燦爛的新時代，活得比以前更自由、更健康以及更豐足。

相對來說，依然故我，沉溺雙魚座的習氣的人，將會因

不能適應水瓶座的新磁能，而出現更大的迷惘、失落與痛苦。

這些人之中，不乏戀棧權勢的獨裁者，他們的潛意識在面對淘汰時，負隅頑抗，一念之差便做成難以估計的傷害。

地球的末日，繫在一念之間，也在大多數人的努力。

（四）　「金三角的啓示」

但是，我再看看近一百年來，我們的文明做過什麼好事？

佛經和聖經的預言雖然一點也不樂觀，但他們都反覆說着一個道理，無論地球下場如何悲慘，懂得自救的人，最後一定得到救贖，逃離大難。

根據法蘭克阿道柏的研究，地球上有很多磁能中心，它們是以「陣」（Grid System)的形式出現（筆者按：將Grid System譯成陣，容有不當，請高明不吝賜教）。

這些「陣」的基本形態是三角形，所發出的能量頻律非常大，成爲顏色後，是爲金光。

法蘭克阿道柏博士得到大西洋文明遺留下來的資料以及「金三角」的啓示，設計了幾種加強人體磁能，徹底回復健康的「陣」。

其中有「三晶陣」、「四晶陣」」、「六晶陣」、「七晶陣」以及「十二晶陣」。

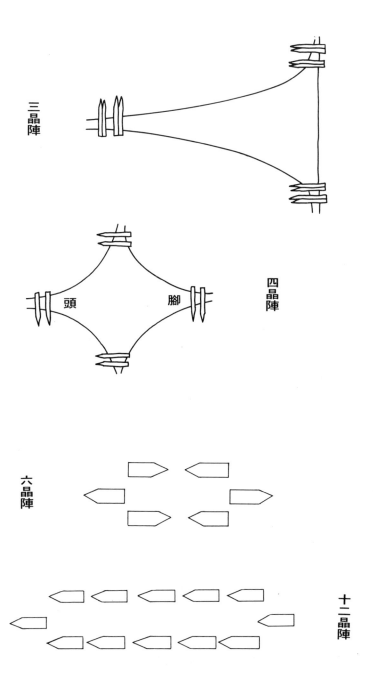

三晶陣

四晶陣

頭　　　腳

六晶陣

十二晶陣

（五） 三角型水晶「醫院」

人在七晶陣內，細胞內的磁體得到充電、修正，產生自我治療的能力，疾病隨而消失。

一萬五千年前的大西洋人沒有醫院，只有一間類似教堂的三角型建築物，這個建築物由水晶構成，主要的功能便是上述的用途。

在眾多水晶陣中，最流行的是「七晶陣」。

「七晶陣」由兩個交叠的倒三角構成，它可以用來做生基法，也可以佈在牀上、房間或任何一塊地方，改變人體磁場，強化生命、促進健康，以及帶來好運。

不同頻律的水晶放在牀上，令我們的氣體產生變化，不同顏色的氣場出現了，以物質學同類相聚的原理，吸引了同頻律的事物出現，遂達到改變運氣的目的。

白水晶七晶陣淨化身體。

芙蓉晶七晶陣帶來愛情。

黃晶七晶陣增加橫財的機會。

諸如此類，大家可按不同的需要而佈置自己的七晶陣！

後記：

三個月前，有位讀者找我，她說父親剛去世，一直找不到好山地，問可否應用七晶陣做一個好陰宅。答案是當然可以。方法是用六枝優質水晶柱，以上下三角型圍在棺木四周，中央放一個大白水晶球。七塊水晶用大悲咒水浸上七日，形成強大消除業力的能量場，對先人及後人都有好處。

另外，七晶陣威力無窮，最好用在治療方面，如用在其他用途，應緊記以愛為本，以因果為鑑的座右銘。

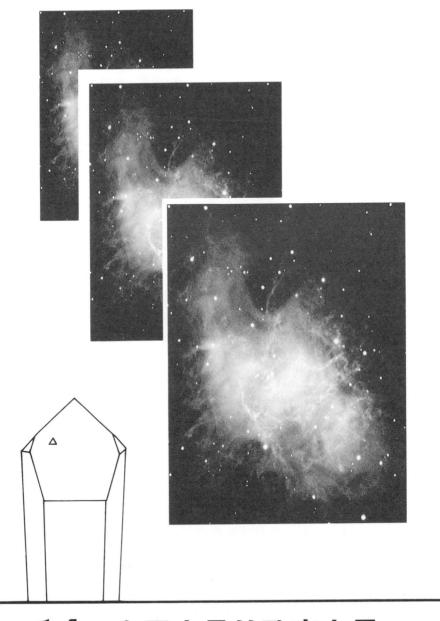

14　幽靈水晶的致富力量

（一） 用心力改變世界

我有一位朋友，在澳洲做出入口生意，那是與工藝品有關的。八九年生意不景，他回港探親，偶然機會下，聽我講起水晶，他感到十分有興趣。未移民前，他是中大電子系畢業生，對物理學有一定的認識。他對我說的用心力改變物理的道理很是相信，在我的指導下，買了一塊綠幽靈水晶來瞑想。他瞑想的主題非常簡單，就是怎樣將一間面臨倒閉的公司，變為一間國際大企業。

結果呢，我不想神化其事，簡單點說，九二年頭，他在廣州投資酒店，牽涉及過億元的投資。

每一個人都有自己的一套解釋，你可以說，這未必與水晶及瞑想有關，然而，我的朋友完全相信這套致富學問的確生效。

迄今，他每天在極繁忙的工作中，總會抽出半小時，持着水晶作瞑想。

瞑想的主題呢？我很高興他對我說，事業及財富不再是生命的全部，他已由一個人的世界擴大到四周的世界，他瞑想和四周的人有融洽而友愛的關係。

發財立品，沒有比這個更令人欣慰！

（二） 綠色代表事業財富

財富水晶，亦是綠幽靈水晶（ Phantoms ），在礦物學，它有一個正式的學名，叫（ Chorite-Crystals ）。這種水晶有一個很明顯的特徵，便是在通透的白晶中，浮現如綠水藻、雲霧、漩渦，以致金字塔的天然異象。

在礦物學，水晶內的異外物體叫包裹體

（Inclusions），但我情願用一個好聽的名詞——異象水晶。

爲什麼綠幽靈水晶會帶來財富？

第一個提出這個說法的其實不是一個人，而是一個靈，他便是八〇年代風靡美國新紀元擁護者的Lazaris。

Lazaris說綠幽靈水晶可以創造財富，因爲綠色代表因事業而產生的財富。美鈔是綠色的。而水晶中的綠金字塔，反映出宇宙機制，由無至有，在物質世界建立根基的原始力量，所以被譽爲財富水晶的極品。

古代以鑽石及黃晶代表財富，因爲古代是農業社會，不是企業社會，人們渴望的，是意外之財，是天降橫財，但九十年代，我們渴望的比這些更多，錢已不是唯一的滿足，我們更渴望創造企業精神、白手興家、事業有成、對社會有貢獻，這一切遠比古代的財富觀念來得更複雜深遠，綠幽靈水晶的出現，便有這個時代的意義。

撇開靈學的角度，在水晶收藏家眼中，異象水晶是近年來最受歡迎的一個收藏目標，大多數歐美水晶收藏家都集中在找尋罕有的異象水晶。

（三） 歷經千萬年生長的幽靈

異象水晶有幾種，其一是幽靈水晶。

在礦物學來說，當一塊水晶經過千千萬萬年的生長，而在這過程中，介入了其他礦物，形成了一重又一重的影子，這便是幽靈水晶，一般來說，越多幽靈，越珍貴。

在某種情形下，更形成了罕有的金字塔幽靈。（有趣的是，礦物學家或科學家，從來沒有解釋過，爲什麼一塊水晶內會出現一個完整，和古埃及金字塔一模一樣的金字塔？）

在「扭轉命運的人」的那位王先生已是一位財富水晶專

家（他在這方面的研究比我熱衷得多），他根據四年來的不停搜集及實驗，發現了一個可能是從來沒有人說過的秘密，他叮囑我有機會就寫出來，算是在推動水晶中「略盡綿力」。

他說，應該以易經的角度瞭解水晶中的金字塔。不同階段（例如只形成了一個或兩個面）的金字塔，代表了不同階段的宇宙意識及能量，由一之數而進升至九之數，都是發展的必須過程。因此，最好按照自己的需要而運用不同階段的金字塔水晶。例如，創業的人應用最雛型（只有一面）的金字塔瞑想。

他本人搜集了九種不同形態的金字塔水晶，放在辦公室內，代表了他的公司，由小至大，經歷每一個發展過程，最後成就大業。

也許，他的成就印證了他是對的。

說回來，另一種異象水晶是固體異象水晶（Solid inclusions）。

當幾種礦物同期生長，經過億年的漫長歷史，其中有些被包圍了，在透明的晶體內「凍結」，這便是固體異象水晶。

固體異象水晶比幽靈水晶的鑑賞價值更高，更有大自然瑰麗的吸引力。

一般人常見的固體水晶為髮晶。

水晶中含氧化鈦的結晶，出現針狀物體，便叫髮晶。針狀結晶加強了原水晶的震動頻率，令力量以加倍擴大，所以，日本流行用髮晶作水晶治療。他們相信配戴髮晶會帶來健康及好運。不同顏色的髮晶有不同治療作用，簡單點說，金髮晶開發上三輪，紅髮晶開發下三輪。

異象水晶

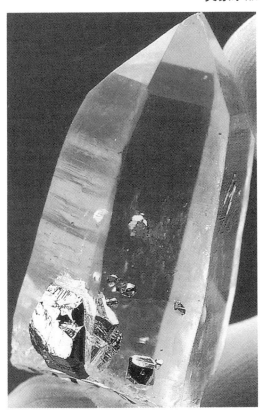

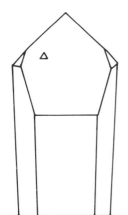

15 怎樣運用綠幽靈

（一） 觀想事業的綠光

綠幽靈水晶，運用得好，不但可以帶來事業上的好運氣，在其他方面，它和玉石一樣，同是具有吉祥及如意的象徵。

運用綠幽靈水晶有幾個方法。

一是用來瞑想，瞑想的目標是將心靈的力量，集中在一個對象上，令它迅速完成。

綠幽靈放在左掌中，平心靜氣，用數息或其他方法，將雜念減到最低的地步，到你認爲可以的時候，微張眼睛，將掌中的綠幽靈水晶攝進眼簾內，跟着閉目，觀想左手的綠幽靈水晶自左掌擴張出綠光，由左掌入，進入心輪。

心輪同時間出現一團綠光，這是我們身體上原有的子光（亦即是說，每個人身上，已經擁有所有的宇宙光，問題只是我們有沒有好好發揮出來。事業的綠光是其中之一，現在的瞑想，是藉着水晶的綠光，將原有的子光引爆出來，成爲一道圓夢的力量。）

子光出現後，心輪宛如蓮花慢慢地開放，直到出現一個非常明確的綠光團時，將心念移到頭頂，你馬上可以將宇宙光引進來，成爲子母光相會之局。

在進行觀想前，你要用語言將目標明確化。

古代的修煉用咒音來配合，而現代人可以創造自己的事業確定語。

例如:「某某生意興隆，財源廣進」，諸如此類。

你可以在觀想前默誦七次，也可以在觀想進行時不停默誦，這得視乎每個人的能力而定，不必執着及勉強。

（二）　所有活動都是事業

到你明顯將身體的綠光引發出來後，一個事業的畫面得馬上配合。

你要觀想一個心中渴望的事業畫面，例如，做保險的朋友，觀想自己在一班客戶中周旋，每個人皆樂意聽自己說話，欣然簽上呈交的保險計劃。

做生意的朋友，觀想自己在辦公室，被有關的事業夥伴簇擁着，一片興旺的景象。

一個為寺廟籌款的活動，也可作同樣的觀想。不是說笑，我教過一個佛教信徒用綠幽靈，順利籌了一筆鉅款，建立一直渴望的會堂。

事業是人類在地球上的世間活動，一般人將它簡略化，只視為創造財富的活動，這是錯誤的觀念。

對一個政治家來說，政治生涯便是他的事業。

對一個作育英才的教師來說，教育生涯是他的事業。

同樣的道理，慈善為懷的史懷哲醫生及德蘭修女，以行醫濟世及扶貧助弱為一生的事業。

明白這個道理，我們當會領悟，入世法如果能夠好好的運用，其實是人類在進化旅途上一個極好的幫手。

畫面要觀想清晰，五蘊皆存，看到、聽到、嗅到、觸到，心中還要有喜悅之情。

（三）　綠幽靈的具體運用

有些人老是觀想綠光不來，那麼也有一個辦法。

將綠幽靈貼在第三眼的位置，這樣更容易感覺綠光的存在。

另外，將兩塊綠幽靈放在牀頭、辦公桌上的左右角、以及家中的財位，也是迅速改變身體氣場，營造出綠光的方法。

事業的觀想，要在早上出門前進行，每天起碼做一次，時間不限，重質不重量。

在處理重大事件前作一個成功的觀想，例如將簽署大計劃時，也會產生不可思議的效果。

有一位朋友告訴我她的遭遇，兩年前，她奉命往瑞士，商談一項名牌鐘表的代理權。事前，她得悉有兩位競爭者，以條件論，實在無勝利的把握。

更糟的是，她很快得悉對方的負責人，原來有歧視東方人的傾向。

他甚至可能不和她見面。果然，她到了目的地，住了三天，半點頭緒也沒有。

她非常焦慮，她是個事業心、好勝心強烈的女性，

終於，在第四天的早上，她拿着我送給她的綠幽靈打坐，她對自己說，這一天，我一定會碰上這傢伙。

她觀想出兩個人相會，言談甚歡的畫面。

當天，她應當地朋友的邀請，在一間餐廳午膳，忽然間，她聽到侍者提及一個人的名字，正是她一直找的人，也在同一間餐廳午膳。

她鼓起勇氣上前自我介紹，心想，好好壞壞，也得試一趟，結果對方雖然詫異，但反應出乎意料的友善。

她得到對方同意，翌日安排約會。

會晤下來，代理權還是談不攏，但對她的印象極佳，主動地提出另外的合作計劃，結果依然滿載而歸。

這位朋友是個虔誠的基督徒，起初的時候，她提到一些思想上的矛盾，她說，在教義上，除了上帝，不可能有其他的信仰。

我答，這很容易解決。

你將宇宙光變成上帝，水晶是天使的禮物，每次瞑想，是一次祈禱，而家裏的大水晶球，紫晶山是一間莊嚴的教堂，一切問題，不是迎刃而解嗎？

朋友心神領悟，心無罣礙，現在仍如常運用水晶。

最後，還有一點，用綠幽靈鑲成吊墜，經常掛在心胸，比放在袋裏好得多。原因是貼着肌膚，水晶更易發揮出改變氣場的力量。

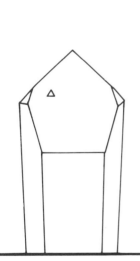

16 水晶柱的秘密

（一） 宇宙規律的凝聚

晶簇是由眾多的晶柱構成的。用一個「宇宙等如人生」的角度去瞭解，我們不難明白，晶簇等如人類的社會，我們因業力而走在一起，而水晶柱呢，則因為宇宙規律而凝聚成一塊，原理是一樣的。

晶簇如人類的社會，而水晶柱便是不同的社會角色。

不過，這些社會角色和人類有點不同，它們不會互相傾軋、仇恨以及鬥爭；相反地，它們基於一種團結精神，生生不息，相濡以沫，融洽地共同進化。所有晶簇的底部都是一片混沌的，這代表生命的起源，亦是最細微的宇宙震動物質化後的最雛形表達形態。

（二） 水晶柱的生命力

我在沉迷水晶的一段日子裏，花了很多時間研究水晶柱，每一次的發現都帶來難以形容的喜悅及震驚；逐漸，我相信，如果一個人徹底明白水晶柱背後的秘密及意義，他便會同時明白到宇宙的所有秘密。

外國水晶專家對水晶柱的認識，普遍都不高，直到美國出現了一個女通靈人——被譽為「水晶女神」的卡絲娜華高才得到改善，卡絲娜華高是很多名人包括莎莉麥蓮的靈性導師，她自言前生是埃及祭師，今次重回地球是應世下凡。她對水晶的研究，已到達「大智慧」的地步。一般水晶專家，不斷的將水晶附會現代科學，企圖從現有的科學知識為水晶的魔力立碑，但卡絲娜華高一直從自己的通靈能力瞭解水晶，她閱讀水晶背後的意識及意義，將一門自大西洋文明以來已湮沒的學問重新找出來。

每一根水晶柱代表一個生命。

每一根水晶柱代表一種特殊的能力。

她先後在三部著作中，將不同的水晶柱介紹出來，我在這裏加上個人經驗，作一摘要報道：

（1） 發電機水晶

（Generator Crystals）

這種水晶為天然水晶柱，六個天然菱面構成一個尖端，上半部全清，頂部可能有雲狀、幽靈、彩虹或包裹體（Inclusion），也可能渾身通透，不含有任何一絲雜質。它可能很小，只得四分一吋，也可能很大，足足超過一呎長。

發電機水晶有一個優秀的功能：它能幫助我們集中及擴大能量，輸入病人身體內，打散積存的負性能量。

它名為發電機水晶，顧名思義，它將宇宙能引導到物質世界，幫助人類克服進化過程中的問題。

發電機水晶很普遍，幾乎所有的天然水晶柱都是發電機水晶。白晶、黃晶、紫晶等都有發電機水晶。

它像玉一樣，越用越通透，功效也越大。

（2） 雙頭水晶

（Double Terminated Crystals）

普通的水晶有一個天然尖端，雙頭水晶則有兩個，尖端是能量集中及輸出的通道，兩個尖端代表這種水晶有着能收能放、能入能出的力量。因此，雙頭水晶用在特殊的瞑想（亦即密宗的「入我」、「我入」）過程中，產生神奇的功效。

它也是傳心術的好幫手。

將雙頭水晶放在七重輪上，用順時鐘方向旋轉，可以迅

速清除這些能源穴的障礙，令身體回復健康。雙手合十，夾着雙頭水晶打坐，上下輪位得到貫連，暢通無礙，這是平衡身體能量的好方法。

(3) 大發電機水晶
(Large Generator Crystals)

一根水晶柱有十吋以上的體積，便可形容爲「大」，大水晶的威力成正比，所以要小心運用。將一個信息輸入去，直豎起來，它便會以一千倍以上的頻率將信息擴大出去，形成左右生命的漩渦力量。這種水晶特別適宜用在羣體瞑想，尤其是祈求世界和平方面。如果用在私人用途，請小心處理，不能介入任何負面情緒及信息，否則它同樣會擴大出來，對自己造成傷害。

在水晶治病過程中，放一根大水晶柱在旁，加上美好的禱告，會產生令人驚異的治病能力。

(4) 資料庫水晶
(The Record Keeper)

一萬五千年前，大西洋文明崩潰，成爲聖經中挪亞方舟的歷史背景。大西洋人中的智者，爲了將知識保存下來，他們選擇有高度記憶能力的水晶，資料庫水晶是其中之一。

它的出現有兩個原因，一是滿足後世渴求宇宙眞理及知識的一羣。

二是當有緣者從中得到啓示後，再度與宇宙來源聯繫，便會負起拯救同類的任務。這個時候，知識對他們來說，是無上的工具。

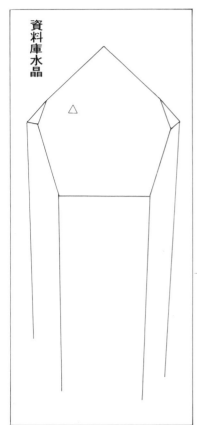

資料庫水晶

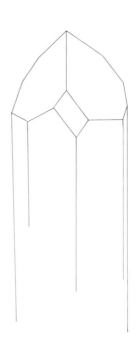

時光隧道水晶

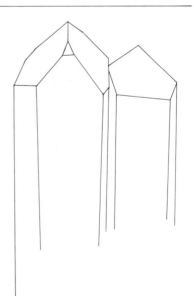

連體水晶

97

資料庫水晶的特徵是，在六個天然菱面上，有一個隱約可見的小三角形，好像有人用刀刻上去的。如不是特別有緣，你不會找到它，就算找到了，也打不開這個資料庫。

我在水晶展中，曾展上三根資料庫水晶，他們都有十吋左右的長度。

打坐時，將水晶面的三角形貼着第三眼，又或左手捧着它，觀想三角形，將心輪定着，空白一片，這個時候，資料通過來，畫面源源不斷在腦海閃現。

這種水晶只可作表面的清潔，以免損害內部的記憶。

(5) 彩虹水晶

(Rainbow Crystals)

水晶在成長過程中，遭遇巨大壓力，又或溫度乍冷乍熱，形成內部的裂縫，在燈光下，出現了彩虹，這便是彩虹水晶。

彩虹代表圓滿，代表我們在物質世界的全面成就。因此，什麼都想要的人，最好買一根彩虹水晶，又或水晶球，凝神注視着其中的彩虹（或貼近第三眼），讓心中泛起彩虹的喜悅感覺，不久你會從心所願。

(6) 通靈水晶

(Channeling Crystals)

通靈水晶柱很容易辨認，六個菱面中，中間一個大七角面，背後一個完全三角面，這便是通靈水晶的特色。

對外國的數字學家來說，七代表真理的追求，那個大七角菱面，代表了「天堂之門」。

拿着這種水晶瞑想，很容易和多度空間的靈體溝通。必須特別小心，如果沒有足夠的精神力量及通靈知識，最好不要碰。

如果一個人打開通靈的頻道，而通的是低靈的話（這其實是物以類聚的原理），他會感到窒息、陰影重重，事後疲倦而情緒低落。他要是問事，答案會是誤導。

通了高靈，你會馬上明白，第一是「大放光明」，第二，感覺非常舒服。第三，靈感源源不絕，很多想不到的問題，馬上會想到。

無論如何，通靈前一定要在四周佈下保護網。

(7) 傳訊水晶

(Transmitter Crystals)

這種水晶柱的外型剛好和通靈水晶相反，它是中間一個大三角形，左右兩邊是七角菱面，在傳訊水晶中，七這數字代表我們內心世界認識真理的能力。三代表連接我們與宇宙的橋樑。

當我們心中泛起人生的疑問，渴求非人間的指導時，我們可借用傳訊水晶的力量。

先坐下來，平靜心情，左手握着傳訊水晶，進入狀態，將它（尖端）貼近第三眼，問題在心中浮現，投進水晶內。跟着將傳訊水晶直立的放置，不要讓它受到騷擾。

二十四小時後，同一時間回來，拿着它，放在眉心，你的心中，自然浮起欲知的答案。

(8) 連體水晶

(Tantric Twin Crystals)

晶簇代表社會，水晶柱代表個人，而兩根晶柱連在一起生長時，代表了人與人或外界的融洽關係。

連體水晶有兩種，一是並生的水晶有着相約的體積，而生長的方向是相同的。在這種連體水晶，大的一根水晶代表你自己，小的一根水晶代表你渴望的結合對象，它可能是你

與戀人，也可能是你與藝術、音樂、生意合夥人的融洽相處。

另一種連體水晶是一枝十分大，一枝相對地細小。這種連體水晶是子母水晶，是父母與子女的結合象徵（兩代關係欠佳者特別有用）。

連體水晶有着強大的團結作用，拿着它瞑想，放在牀邊，又或放在工作的四周，不斷感覺它發射出來的團結信息；逐漸，你便會明白相處之道，改善與外界的關係，而得到渴望的結果。

(9) 杜氏水晶

(The Dow Crystals)

因一好友Jan Ann Dow的關係，卡絲娜華高發現了這種水晶，遂以她的名字命名。

杜氏水晶是完美的水晶，六個菱面，有三個是七角形，三個是三角形，在結構上，它具通靈水晶與傳訊水晶的強大功能。拿着它瞑想，可以發掘出宇宙的最大秘密及真理，又可接收及投射出轉動宇宙法輪的信息。

然而，杜氏水晶並不僅限於此，在數字學來說，杜氏水晶的六個菱面加起來是30（7×3＋3×3），30亦是3（數字學上減去一個0），這代表地球上所有「三位一體」的生命，都受它影響！

(10) 窗子水晶

(The Window Crystals)

窗子水晶有兩種神奇功能：第一，它可以幫你知道自己的處境，例如，上司對你的評價，男或女朋友對你的真正心意，又或自己是否找對了正確的人生路向等。第二，窗子水晶如水晶球一樣，有神奇的前知預言力量，我曾經用窗子

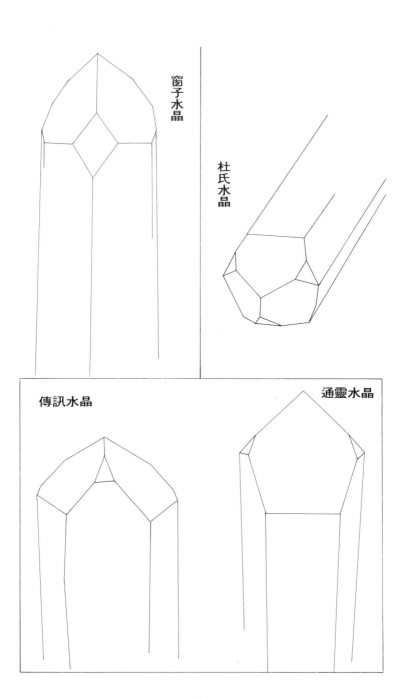

窗子水晶

杜氏水晶

傳訊水晶

通靈水晶

101

水晶，預知了一個星期後公司發生的一件不尋常的事。因爲預知了，也變成不「不尋常」。

窗子水晶的特徵是，在水晶柱的中央有一個大鑽石菱面，這個鑽石菱面剛好成爲水晶柱的第七個菱面，象徵時空的突破。窗子水晶必須清澈通透，將它貼在第三眼，將心平靜，一片空白後，自然浮現的畫面，便是你渴望的答案。

窗子水晶極爲罕有，要費點功夫才能從一大堆水晶柱中找出來。

⑾　時光隧道水晶

(The Time Link Crystals)

這種水晶容易與窗子水晶混淆，兩者外型相近。分別是，窗子水晶有一個完美的大鑽石菱面，而時光隧道水晶，則是一個平行四邊形。這種水晶能在瞑想時幫助我們打破時間的規限，讓我們自由地回到過去、前生或將來，瞭解生命的嬗變過程，從而得到啓示及領悟。

面對着一根時光隧道水晶柱，四邊形的菱面在右方，而向反時針方面旋轉時，這是回到過去。如果它在左方，而呈順時鐘方向旋轉時，這是一顆回到未來的水晶，兩個四邊形同時出現，分佈左右，那麼，過去未來都在手中。

⑿　平頂水晶

(Tabular Crystals)

顧名思義，平頂水晶的尖端是平的，它是一道橋樑，有通靈的能力，另外，其中也藏有特殊的宇宙知識。

⒀　激光柱

(Laser Wand)

這種水晶是大西洋文明的武器，又可用來作手術刀，切

斷負性感情或精神聯繫。一般都是小刀形，愈一尺的非常罕有，威力無窮，修習密宗的，輸入「不動明王金剛咒」放在家中，形成強烈保護罩，諸邪不侵。

(14) **骨幹水晶**

(Elestial Crytals)

最新奇的治療水晶，有強大喚醒靈覺的作用，請參閱本書117頁「黑水晶——成功的關鍵石」內的介紹。

以上十四種水晶，只是一個簡介，還有更多不同種類的水晶，留待我們慢慢發掘及研究。水晶世界的尋寶遊戲永遠令人着迷！

只要我們明白，水晶的形狀、結構反映出宇宙機制及宇宙意識，我們浸淫其中，總有一天，得到「天人合一」的大智慧，明明白白，再無罣礙。

（三） 水晶菱面的意義

為了讓讀者更瞭解水晶的奧秘，我將自己的一點心得寫出來。

水晶菱面有三角形、四角形、五角形、六角形及七角形，意義在哪裏？

三角形代表力量的泉源。一根水晶柱必須有一個完整的三角形，才能發射出全部的力量。三角形是宇宙能在地球形成物質後的第一個形態。

四角形是更進一步的發展，它代表知覺世界的出現，也是時空的秘密樞紐。

五角形代表物質世界的成熟發展。數百萬年後，人類成為最成熟的生物，有五隻手指、五隻腳趾、五官、五體等等。這是一個物質世界進化的極致，前無去路，再上，便要

變換存在形態。

六角形呢，由有形生命進入無形生命的第一步，便是六之數。所以，魔鬼由三個六來代表。聖經中的魔鬼是天使長，其實是修煉有成的生命。佛經的阿修羅道及天道，都是六的世界，它代表一種較高但未到得正果的境界。

六之數再上，便是七。它是更進一步的知覺空間，真理之數，也是圓滿成就的結果。古代道家全部以七之數來象徵這方面的追尋，全真七子其實不是七個人！

如果你還不明白的話，那麼，我換個角度再解釋。

宇宙由不同的能量構成。這些能量在現代的科學家眼中，是一層又一層的宇宙震動。我們的肉體、精神、感情也不外是震動的產物。

水晶是地球上最純粹的震動結晶，它的六角菱面反映出它有聯繫宇宙無形世界與物質世界的能力，而不同形狀的菱面，便是不同層面的震動力量的顯示。

所以，懂得運用水晶，你便可以將宇宙所有力量聯繫，完成每一個渴求的願望及夢想，最後踏入進化之途，擺脫物質世界的局限。

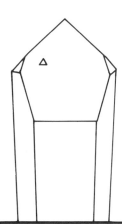

17 水晶靜坐淺說

（一） 打坐究竟安全否

怎樣用水晶靜坐，我在《水晶宮之旅》已有述及。但有很多朋友仍然不大了了，在他們心中，靜坐是一門高深莫測的學問，一旦處理不當，會招致極大的傷害，因此心存恐懼，如履薄冰，問題自然多起來。

首先，我要作一番安撫心靈的話。

自古以來，任何人類的活動，稍有差池，造成死傷的，不計其數。有人因喝酒而死，有人因吸煙而死，有人因性事過度而死，有人因運動過度而死，甚至有因雞骨鯁喉而死。

要死起來，千百種因由，沒法寫得完。

然而，一個人因靜坐而死又或受傷害的，我相信萬中無一，肯定比緩跑而暴斃的少得多。

為什麼我們之中，對靜坐存有那麼大的恐懼？

很多時候，我在「水晶宮」都被問及這一問題：「陳先生，究竟打坐是否安全？我好驚。」

逐漸，我發覺一件有趣的事，大多數人不是對靜坐的安全與否產生疑惑，而是千方百計找尋理由，迴避進入自己內心的世界。

內心世界，也是潛意識的世界，內中隱藏着錯綜複雜的記憶及因緣，打開來，好像攪起一池泥水，那種混濁及迷失，是大多數人不願意仰首喝下的。

背後長了顆瘡，有些人努力轉過頭，用鏡子看個清楚，及早醫治，但大多數人索性不理，看不到等如不存在，當然，到那一天，小瘡變成大毒瘤，便呼天搶地四下求救。

（二） 過去的記憶作祟

古代的學問一直從事心靈改造的工作。

道家說「性命雙修」。許多人不明白什麼是「性」功，簡單點說，性便是心神。心神強弱與否繫於潛意識的淨化。由個人潛意識進入深層潛意識再入集體潛意識到最後融入瑜伽所說的宇宙意識，便是性功的最後階段，亦是禪宗所言「無相為體、無住為本、無念為宗」的成佛境界。

一方面，我們靜下來，識神退位，氣機自然運行，做成身體內一片溫暖融洽的狀況，以現代生物學來說，體內的內分泌系統回復正常，生機勃發，一個人自自然然得到健康，百病不侵。

明白這個道理，你才會瞭解靜坐的目的是什麼。

每一次靜坐，基本上是肉體與心靈的調整與改進。然而，我們首先要克服最大的一個敵人：內心的恐懼。

你慢慢替自己分析，最後你會發覺，一切都是過去的記憶在作祟。

我們全都害怕死亡。因為我們全部經歷過死亡的痛苦過程，在前一世或更多的一世。

勇者無懼。

所謂勇者，就是敢於找回過去所有記憶的人。

初學靜坐，先要弄清楚，目標是什麼，以及什麼東西攔住去路，才不會走歪路以及得到較大的成就。

（三） 靜坐注意事項：

一、靜坐環境要清靜，沒有突然而來的騷擾。

二、空氣要流通。不可直接呼吸，入定時毛孔擴張，極

易招寒，因此要有適當保溫。

三、穿着衣服以適體爲佳，腰帶中不可有緊束，避免妨礙血氣運行。

四、心情煩悶，不宜靜坐，宜先做動功，舒暢身心。

五、太疲倦亦不宜靜坐，坐了也會瞌睡，達不到要求的效果。

六、喝了太多酒，也不宜靜坐，氣血翻騰，難以平靜。

七、靜坐的姿勢應以自己的感覺爲指標，不可令自己難耐，然而脊骨姿勢要儘量保持挺直自然。

八、雙手各持水晶柱，輕放在腿上，亦可雙手交握，捧着晶簇，貼近小腹。無論如何，雙手不要成爲負擔。

九、用鼻呼吸，千萬不可張開口，呼吸保持一貫的自然。

開始進入靜坐，閉目，意念存放鼻尖，耳朵聽着呼吸聲，萬念歸一。

十一、逐漸渾身的毛孔張開，手掌的水晶及四周的水晶變成能量，融入身體，排出所有黑氣。

十二、進入狀態後，觀想心輪出現白光，一朵白蓮慢慢開放。

十三、宇宙白光在頂輪出現，經過眉心輪、喉輪，落在心輪上。

十四、一放開，整個人變成光，無我無念，與宇宙合一。

十五、時間因人而定，記着，靜坐不是交功課，得失全是自己，因此重質不重量。如果你是聰明人，試圖捕捉進入狀態的感覺，習慣了以後，動念間馬上進入狀態。

十六、靜坐完畢，不可馬上起身，應先作三下深呼吸，慢慢睜開眼睛、搓熱雙手、撫摩臉部、腹部及四肢，是駐顏的功法。

十七、在放開自己，進入內心世界時，如感到不安及恐懼，應先用水晶在四周結界，佈下強大的保護網。如果有激光柱，結界後將它插在鋪上海沙的三角形黑瓶子，是為鎮宅之寶。

以上說的是靜坐的基本知識。過程中，每個人天賦習氣有別，產生不同的反應，有些感到發漲，有些感到縮小，有些感到震動，有些全無感覺，好比夢中看花，各有境象，不可一概而論，也不必比較深究。

目標路向明確，途上的波浪性發展少不免，這個時候，最重要的是信心。信心足夠的，一定可以渡過黎明前的黑暗，到達光華自在的彼岸。

（四） 明心見性的功夫

我在半年間教了好幾位學生，他們以水晶為輔助工具，進境驚人。其中一位文小姐，在很短的時間（一個月）已達到與宇宙光相應的地步，她頗為自豪，因為在此之前，她看過好幾本外國的水晶書籍，得到的印象是，這便是最後的境界。

她問我：「這便是得道？」

我聽了，笑起來，回答：「你的進展非常好，可是，這不是得道。如果這是得道的話，釋迦牟尼便不用在菩提樹下苦修六年。而我也早已成佛。」

與宇宙光相應，不過是初學入定的境界，在佛經來說，是色界天，距離無色界天，非想非非想處天以致最後的真空妙有，還有好一段路途。

如果我們停在光明的境界，貪戀感覺，便不能繼續前進，坐斷諸幻，亦即應了金剛經所說：「以色身見我，以聲音求我，是人行邪道，不得見如來。」

如來者，是歷世潛意識淨化殆盡，步入空明的宇宙意識的得證。

對於天資聰敏的學生，我常勸告他們應看禪宗的書，禪宗的心印法門。以無相爲體，無住爲本，無念爲宗。心無所寄爲無住，意無所緣爲無相，念而離念爲無念。

「迷時師度，悟時自度。」入門之後，所有的進展全是明心見性的功夫。與宇宙光相應後就要自行悟下去。

禪宗被譽爲大密宗，因爲禪宗超越有爲法，不修而修，不證而證，徹底破除諸幻。我們這些凡夫俗子，沒有大根器，對「頓悟」的境界是盲人摸象，由有爲法着手，進入心內的世界，不失爲好方法。對初學靜坐的朋友，我不想寫得太深入，總而言之，靜坐對身體和精神，有着極大的好處，我相信大多數的都市疾病可以由靜坐中得到徹底的治療。

（五） 無內外力之分

「用水晶打坐是不是倚賴外力？」

朋友運用水晶頗有成績，聽了一位道家的朋友說，借用外力不好，因此躊躇不已。

我反問：「什麼是外力？找一塊藏風納氣的地方修煉，算不算是倚賴外力？如果算的話，這和借助水晶的力量又有什麼分別？」

其實，所有古代修煉的學問，全部和外力有關。

密宗本尊的傳承加持力，瑜伽在開發「蛇火」必須有靈性導師的指導，道家有人元、地元、天元三種修煉方法，三種方法全部倚賴外力，沒有外力，根本不可能成道。

也許，問題是「借用」和「倚賴」兩個字眼的分別。前者保持自我，後者失去自我。

失去自我，當然不好，但是，這又和外力有什麼關係？

再說，在能量學的角度來說，力量就是力量，根本沒有內、外之分。

當你和水晶融合時，你便是和宇宙融合，誰在內？誰在外？

問題從來不是「工具」本身，而在人的本身。

你懂得和世界結合，整個世界在身內，不懂得的話，一身之外，無處不見異。

因此，不要害怕外力。

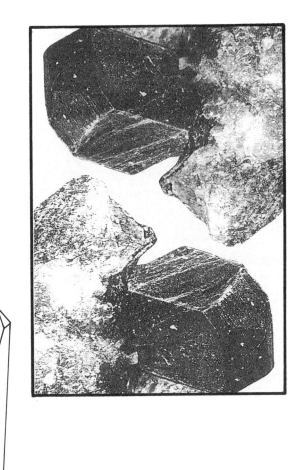

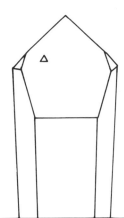

18　黑水晶──成功的關鍵石

（一） 上白下黑的平衡

有位朋友要我介紹水晶，問用什麼水晶打坐最好。

我答：如果沒有更多選擇的話，你只要用兩條高質素的白水晶柱，一塊大約一磅重的黑水晶便可以。

白水晶是頂輪的代表石，黑水晶則是海底輪的代表石。

一上一下，天上地下，人在中間，將身心鬆弛，自自然然達到一種和諧的平衡。

有很多朋友打坐後精神恍惚，眉心發痛，這便是失去平衡之道的原故。

白水晶的能量盤旋頂輪，得不到疏導，過分刺激下便會做成不適的生理現象。

本來，疏導頂輪的能量有一套收功的方法：每次打坐完畢，觀想身體的能量由身軀流向雙足，然後生出茂盛的樹根，深入地層，深入地球的中央。

在這個時候，你要觀想下盤有力而充實，身體是一團完整的能量。

有些人做了這個觀想，不適的現象馬上消失，回復正常。

然而，假如你是初學者，觀想能力比較差，做了也沒有效果，又有什麼補助的方法？

方法便是在腳下放塊黑石。

你用坐式打坐，索性腳踏黑石，這樣，就算偶有心神波動，氣場受到黑、白二石的把持，也很容易穩定下來。

這個穩定身體氣場的方法，外國的水晶專家稱為Grounding yourself，亦是腳踏實地的意思。

（二） 改變心靈與肉體

意識變爲物質，有一定的程序及階段，黑石代表最後的落實，在成事方面來說，非常重要。假如你是秀才書生，滿腹經論，流於空談，那麼，左手握一塊黑石，作這個生根的觀想，可以徹底改導你的命運，變成一個坐言起行，眞正成大事的人。

這種改變，是心靈與肉體的改變。改變之後，整個人脫胎換骨，判若兩人，命運也重新改寫。

水晶改運是存在的，它是一門踏實的學問，而不是迷信。如果你被誤導了，眞是可惜，你失去了一個開發無限潛能的機會。

（三） 「抱月樁」落實石

另外，也可以用道家「抱月樁」達到同一生根的效果。

「抱月樁」的做法是：站立，雙腿張開，平肩，曲膝，手環抱如月，兩手指尖相距一吋，目光凝注其間，脊骨保持垂直。

這個站樁姿勢在很短的時間內發動身體的氣機，刺激白血球的生長。而且血氣貫注雙腿，直落地底，產生生根的感覺，身體下部虛浮的人，站上十天八天，情形頓然改觀。

不過有一點要提醒，「抱月樁」初學時不可站得太久，下盤充血過度，提防出現性器官過分亢奮的後果。

我特別提到這個道家功法，因爲，打坐的人傾向心靈活動，喜靜不喜動，容易陷於如呂祖所說，「修性不修命，修行第一忌」的失調問題，頂輪過分開發，意思便是身體的其他輪位被忽略了，一個圓滿的人生，必須全面照顧，我們不

能不面對現實的生命。

　　每天抽出一點時間做動功，保持血氣的運行，是靜坐的基本修養。

　　說到最後，又得提一個問題，怎樣的落實石（Grounding stone）最值得推薦。

　　外國的水晶專家通常推薦以下黑石：黑安力士、黑瑪瑙、黑碧璽、茶晶及黑曜石。

　　上述的都是流行及容易找到的黑石。

　　我自己特別喜歡這方面的三種石：茶晶、黑曜石及骨幹水晶（Elestial Crystal），特別是後者，近年對它簡直愛不釋手。

　　茶晶有特殊穩定及平衡作用，這點我早說過，不累贅重複。

　　黑曜石的落實能量比茶晶更大，而且是著名的保護石，放在牀頭，可減少夢魘。展覽會時，有位印刷廠工友對我說，他失眠了很久，我介紹他將一小塊黑曜石放在牀頭，數天後他不勝雀躍的重來，說已經可以安眠了。一塊黑石何以產生如斯大的神效？

　　很簡單，黑曜石將腦部的能量降低，減少皮層活躍，腦部得到疏導，自自然然得到安息。

　　不安心靜坐的朋友，更要用黑曜石，將一塊大的黑曜石放在面前，很快的你會感到它擴散出一重氣場，將你包裹在第四度空間，對一般生物來說，它是一個強大的保護罩，外來力量寸步難越！

（四） 骨幹水晶罕有難得

至於，Elestial Crystal——暫譯為骨幹水晶，是水晶女神卡斯娜華高在《Crystal Healing》一書首次介紹的，在此之前，從未有人寫過這種水晶。

為什麼它叫骨幹水晶呢？它的外型奇異獨特，與其他水晶截然不同，表面上，它像一塊嶙峋的岩石，有一種骨塊化石的味道。

這種形態的水晶也反映出內在的特殊力量，一般來說，骨幹水晶有四種神奇力量：

第一點：這種水晶內部蘊藏宇宙的智慧，拿着它瞑想，入定後會得到從未在地球上出現過的知識。

根據我個人的經驗（接觸不下二十塊），有兩種骨幹水晶是這方面的極品，一種是底部全然形成細小的凸體三角型，像資料庫水晶一樣，是一個上一代文明暗記。

第二種是整塊水晶有如一片電導板，任何人看見，都會以為這是人工雕刻產品，其實它是渾然天成，有諸內而形於外，反映出大自然的奧妙世界。

第二點：骨幹水晶有強大的清潔功能，逐一放在輪位，可以迅速清潔其間的負性能量，如果負性能量是磁電的話，那麼，稱它為除磁器，當之無愧。

第三點：清潔之後，便是治療的階段，骨幹水晶能迅速修正人體的不調協能量，令它回復平衡，達到徹底治療的目的。

個人經驗來說，骨幹水晶同時具備心理醫生般的功能。

我親身經歷的故事是這樣的，大約在一年前，我介紹這種水晶給一個水晶迷，這個朋友是個極度敏感而不快樂的人，他為往事所困擾，常渴望在靈修中得到煩惱的解決。

他非常努力，幾乎有關心靈發展的學問都涉獵過，漸有進步，但似乎不如理想，三年來，做人處世豁達了，但夜闌人靜，內心深底有條記憶的毒蛇嚙咬他，那種感覺並不好受。

直到那天我對他說起骨幹水晶，他懇求讓他一試，（這種水晶非常罕有，我花了很多功夫，自巴西搜集回來的）。

過了三、四天，他跑來，告訴我一件他認為匪夷所思的事。

他拿回家打坐後翌晚，在酣睡中作了一個夢，夢中他回到事發的時空，重溫當時驚心動魄的場面，歷歷在目，他醒來，淚流滿面，心中傷痛得難以形容，這是非常可怕的經歷，過去，已淡忘的痛苦瘡疤再度挖掘出來，他正在想，明天怎樣渡過，他也許不能起牀了。

就在這個時候，忽然間，腦海中閃現一個聲音說：「以往的已是一個逝去的答案，你不會再和它發生關係，也不會再受它影響，你已完全明白了自己的痛苦只不過是一種幻覺，你徹底擺脫它，勇敢的站起來——」

一刹那間，如醍醐灌頂，他的心豁然改觀，彷彿艱辛的爬到山峯，遙望前面的廣大平原，有種如釋重負的舒暢——這位朋友得到重生，他感激的告訴我，如果不是這塊水晶，他不知道自己再能捱多久。

骨幹水晶在這方面的治療力量是驚人也同是可怕的，如果沒有心理準備及有關的知識，不可隨便嘗試。

第四點，骨幹水晶是靈修的瑰寶，與它打坐、睡覺，可以在極短的時間內，喚醒我們的靈覺，將靈性世界帶到一個嶄新的領域。

（五） 黑晶石通血氣

最後說的是近半年來的新發現。這個發現，是在「水晶宮」內發生的，有點意外，也有點因緣巧合的味道。

有一趟，一位朋友告訴我，她的祖母腿部患關節炎，痛苦異常，問我有沒有適合的晶石。

我想到幾種水晶，逐一介紹，不知怎地，直覺地拿起附近的一塊黑色的骨幹水晶石說：

「你拿來打坐，試試看。它可以活動下半身的血氣。」

我說這番話時，完全是一剎那間的啟示，腦海進入了狀態，突然與宇宙的知識聯繫起來。

朋友照着做，片刻，睜大眼：「我感到下半身溫暖，氣沉聚小腿，腳底的湧泉穴不停的跳。」

「對了，這塊水晶會醫好你祖母的關節炎。」

為什麼我夠膽斷語，很簡單，在醫學上來說，有成一千種一萬種的學理解釋，然而，所有的病因解釋，還原到底，都不外中醫的四個字：

「血氣不通」

因為血氣不通，細胞萎縮、變形、失效、無力維持原有的功能，也無力對付外來的病菌，一切疾病由此起。

年老的人，五臟六腑沒有問題的話，血氣不通開始時由腿部出現，腿部肌肉由小腿開始收縮，逐步而上。所以，我們在海灘上，總會看到一些肚滿腸肥，挺着大肚子，但雙腿卻不對稱地瘦削的老人。

人步入中年，血氣不通也多在下部首先出現。

在這個時候，黑水晶產生非凡的治療作用，它不但可以調整下三輪，令一個人的肉體衰老延遲，也可以導引血氣下治，解決腿部血氣呆滯的問題。

明白這個道理，你當會同意，黑晶石非常重要，它和白水晶一樣不可缺少。

骨幹水晶愈大愈好，我每天靜坐，如果不是要修特別的法，腳下一定踏着一塊水晶，以前用過黑樹化石、茶晶、黑碧璽、隕石、黑瑪瑙等，近年來改用了一塊五磅重的茶晶骨幹水晶，感覺非常好，起碼，最心煩意亂的時候（俗務纏身，實在沒辦法），一坐上去，幾乎在五分鐘內，什麼都丟開了。

上白下黑，在兩種能量極端相反的水晶的把持下，人在其間，得到入定之趣。

（六）　活用異象水晶

還有，異象水晶中有天然凝固的礦物，如有紅色、褐色、黑色等等，雖然不是綠幽靈，也是另一種的事業石，它們可以刺激起下三輪的開發，令一個人變得有勇氣、決心以及落實行事的膽色，也可以說是出色的黑晶石（雖然顏色不是黑），這種異象水晶發生的氣體是深紅色的，正如各位所知，紅即是黑，效果一樣無異。

水晶的學問，千變萬化，妙用無窮，你可以很簡單的運用它，也可以很精密的運用它。

作個有趣的譬如，針灸是一門古老的學問，單是穴位已有三百多個，一般人苦學三兩年，未必能入門，然而有些人上一課便可畢業。我的一個朋友便是，八年前他和我一起學針灸，一個學期下來，一知半解，但已夠膽四下行醫。他是一穴走天涯，只針一個「阿是穴」——那裏痛，那裏針，當然，間中也生效，不過，明白內情的人看了，啼笑皆非。

水晶也是如此。如果你說，水晶很容易學，這是對的，一枝白水晶等如一切。或者說，水晶很難學，這也是對的，

地球上有二千多種礦石，流行的有二百多種，單是這二百多種已足夠你忙上十年八載。

異象水晶

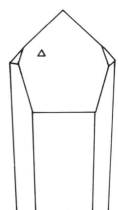

19　如何令孩子更聰明

（一） 精神智力出問題

　　現代的父母不易爲，社會習氣積習難返，下一代的身心問題層出不窮，孕育出健康活潑的小孩，已成爲一個可遇不可求的夢想。在過去兩年來，我不斷遇到一些爲子女問題而煩惱的父母，逐漸，我驚詫地發覺，如果子女是自己的延續的話，那麼這個延續實在不太好。有很多下一代精神智力出現問題，根本不能正常地成長。爲什麼遺傳上出現錯誤，以宗教來說，這是業力的因果，以科學的角度說，這是整個社會的生活方式出現了問題，精製食物太多，藥物太濫，社會壓力太大，空氣太差，電器放出的輻射富傷害性等等，要徹底解決問題，談何容易，情況相等於另一次工業革命。

　　爲了自己也爲了下一代，我們有理由支持綠色力量，然而，在整個潮流出現轉變之前，我們怎樣解決這方面的問題？

　　我遇上不下五十對父母，他們訴說同一的苦惱：孩子精神不集中，學習能力低，語言有障礙，有些已鑑定患有輕度自閉症。

　　他們聽說水晶可以幫助心智及精神上的發展，跑來求助。

　　我的答案是：水晶有這樣的能力，然而，改變一個生命是整個環境的事，如果生活方式不檢討，不改變，那麼就算將整間屋堆滿水晶也於事無補。

（二）　琥珀令孩子健康活潑

我的朋友自西德做完珠寶展覽會回來，告訴我她的見聞，她說，歐洲流行琥珀，很多現代的父母喜歡為初生的嬰孩配戴琥珀頸鍊。那邊的專家對她說，琥珀有穩定神經，加強嬰孩免疫能力的作用，而且琥珀是天然樹脂化石，就算吞下肚子也不會有礙（當然是很細小那一種）。

朋友只不過做生意，聽了覺得有點不可思議，奇怪為什麼科學昌明的西德也來這一套。

回來後，她卻照着辦，為自己的兩歲女兒照樣戴一條。她的理由非常簡單：先進國家流行的，一定不會錯。如果有問題，政府早已作出干預了，還會任由胡為，而且那裏的監察團體那麼多。她說，傳統的德國人，喜歡琥珀有如中國人之於玉石。

不過，他們配戴的是天然琥珀，而不是在香港市面常見的合成或再造琥珀。

朋友問我：琥珀真有這個用途？

我答，其實很多水晶對嬰兒或小孩子都有好處，歐洲流行琥珀是基於歷史背景，以及琥珀本身那種溫和，永不會造成傷害的力量。

琥珀在希臘時代已經盛行，那時，希臘人的早期海上活動，是為了從波羅的海帶回琥珀。羅馬人相信琥珀有奇特的醫療作用，可以鎮痛，優質的琥珀在手掌的溫暖中發出令人喜愛的香味。

琥珀不是礦物質而是有機質。它是古代樹木的石化松脂（即是樹脂化石）。因為不是礦物質而是有機質，琥珀的硬度只有二至二點五度，內容大量空氣，相對這種特性，琥珀的作用異於其他水晶，它有強大吸納負性能量功用，包括吸

納痛楚，吸納不良的能量頻律以及情緒過分的反應。琥珀有定驚（中醫也這樣說），鎮痛以及加強免疫系統的能力的道理便在這裏。

琥珀和玉一樣，能量的放射性不強，有助於平衡，而短於激發。對於原來健康活潑的小孩子，它們是很好的保護石，但對那些需要用水晶的能量來刺激心智發展的一代，便嫌能力不足。

最後，我重覆講述一個道理，水晶怎樣開發精神及智力的世界。

（三） 開發大腦的宇宙光

人是一個小宇宙。小宇宙由不同的能量層面構成，能量在地球上以第一個表達形式出現時便是光。主宰人的頭腦的三種宇宙光是白、紫、藍。

這三種能量組合不足，產生負性的能量漩渦，遂出現了遺傳上的問題，智力、精神、五官功能失常。

能量變成物質後，一切定局，命運的慨嘆亦由此而起。現代醫學昌明，在對付遺傳上的問題卻很失敗，因為以有形治無形，根本上是藥不對症。

在這方面，水晶怎麼產生作用？

我們知道，水晶本身有不同層面的震動，最普遍的白水晶，它流到人體，自自然然開發頂輪，頂輪便是大腦所在。這個地方失調的徵象便是自閉及智力不足。

紫晶的震動頻律，流進人體，自自然然來到眉輪，眉輪是小腦及神經系統的樞紐。這個地方失調，徵象便是集中力不足，散漫及學習能力低。

同樣的道理，藍色的晶石如青金、水藍寶石放近人體，它們自然會開發喉輪，回復原來語言的功能。

（在這方面，我已寫了一份中文版的「七重輪開發指引」並已印製成單張，內容較詳細，可供作參考）

水晶令我們更聰明，思考更清晰，腦筋動得更快！如果你對這話懷疑，我可以找十個以上的專業社會精英作證，他們都是知識分子，未玩水晶前都抱懷疑的態度，三個月後都一致同意，水晶令他們的思考更敏捷更靈巧。

（四） 沒有副作用的治療

成年人懂得運用水晶，小孩子沒有這種能力，怎辦？

通常來說，我教人在家中適當地放置晶簇，利用晶簇的不同震動，刺激大腦的開發。

配合得講技巧，有時刺激過度會造成小孩子頭痛不適。

如果不從大環境改造，亦可以用七晶陣來營造一個理想的氣場，方法簡單，將六顆體積相等的水晶塊，放在牀的四周上，中間一顆放在牀的中央，全部在事前輸入訊息，不同的水晶有不同的用途。如用在刺激大腦方面，以白水晶、紫水晶及水藍寶石為上佳。水晶質素一定要好，不可曾受輻射改造。

水晶治療是屬於所謂震動性治療，為自然療法的一種，無須藥物，也沒有副作用。如果你對藥物治療已感絕望的話，不妨考慮這種醫療。我唯一的忠告是，在進行水晶治療前，你自己應先付出時間，瞭解有關方面的學問。

或者，以身作則，先由自己開始。

七重輪開發指引

開發身體的七個能量中心，令你脫胎換骨，心想事成。

第一輪：海底輪
位置：脊骨底部
屬性：土
顏色：紅／黑
有關腺體及器官：腎上腺、肛門、小腸
作用：令我們在物質世界生存得更有活力，更有直覺力
有關晶石：黑玉、黑碧璽、黑曜石、茶晶、雄黃、石榴石、玫瑰輝石
有關食物：蛋白質（以植物性蛋白質為佳）
失調後徵象：自我中心、暴力傾向、貪婪、容易動怒、過份沉迷物質享樂

第二輪：臍輪
位置：肚臍下一吋三分
屬性：水
顏色：橙
作用：運用創造力的中心，精力及性能力的來源
有關腺體及器官：卵巢、精囊、生殖器官
有關晶石：紅寶石、黃晶、琥珀、珊瑚、桃紅色砂金石
有關食物：橙汁及蔬菜
失調後徵象：沉迷食、色；性能力衰退、容易嫉妒、佔有慾強、思想混亂、膀胱及尿道產生問題

第三輪：太陽輪
位置：肚臍與肋骨間
屬性：火
顏色：黃
作用：直覺力、神經系統，情感的感覺中心。消化力強弱的關鍵區
有關腺體及器官：胰、腎、胃、肝、神經系統
有關晶石：黃晶、琥珀、虎眼石、金
有關食物：澱粉質、黃色的水果及蔬菜
失調後徵象：暴飲暴食、過份沉迷權力及地位，容易產生恐懼、憤怒、憎恨等情緒

第四輪：心輪
位置：肋骨中間（兩乳中間）
屬性：火
顏色：粉紅、綠色
作用：實踐愛的真諦、控制血液循環，釋放被壓抑

的感情創傷
有關腺體及器官：胸腺、心臟、肺、腎、手
有關晶石：綠色及粉紅色碧璽、孔雀石、芙蓉晶、東陵石、橄欖石、菱錳礦石
有關食物：綠色的水果和蔬菜
失調後徵象：不敢去愛、情緒不穩定、心臟及血液循環有問題

第五輪：喉輪
位置：喉核區
屬性：靈性
顏色：粉藍
作用：用語言表達真理，與外界溝通能力
有關腺體及器官：甲狀腺、喉、嘴
有關晶石：藍瑪瑙、松石、青金、藍紋石、矽銅石、水藍寶石
有關食物：藍及紫色的蔬菜
失調後徵象：語言表達有障礙、自困、濫用知識、容易情緒低落、甲狀腺分泌不正常

第六輪：眉輪（第三眼）
位置：兩眼之間（眉中央）
屬性：光
顏色：紫色
作用：掌管第三眼、預知能力、小腦及神經系統
有關腺體及器官：腦下垂體（也有說是松果腺）左眼、鼻、耳
有關晶石：紫晶、紫瑩石、青金、藍銅礦、藍紋石、藍寶石
有關食物：紫色蔬果
失調後徵象：集中力不足、散漫、恐懼、緊張、發惡夢、頭痛、眼睛有毛病

第七輪：頂輪
位置：頭頂中央
屬性：意志／思想
顏色：白及金色
作用：活動大腦
有關腺體及器官：松果腺、大小腦、中央神經系統、右眼
有關晶石：白水晶、鑽石、金晶石
有關食物：白色蔬果
失調後徵象：麻木不仁、欠缺創造力、情緒低落、自我中心、思想混亂

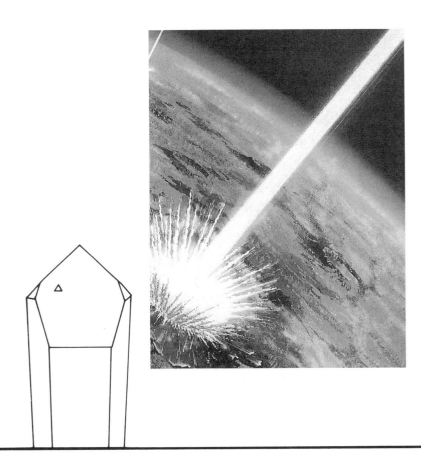

20　水晶治療

（一） 以有形治無形

我在《水晶宮之旅》中簡單介紹過水晶治療，其後收到不少讀者來信，希望我寫更多有關這方面的問題。似乎大家體驗到現代西方醫療方法的無能，渴望找到其他的代替品，於是對另類醫療方法，陡地熱衷起來。

其實，關於水晶治療的原理，我已經寫得很清楚，當我們將人體視為一團生生不息的能量時，健康的意思便是說，這團能量必須流暢融洽，不能出現任何部分的阻塞。

干擾能量場的運作，最大的殺手不是來自外間的毒素，如進食太多含有化學藥品的食物，而是我們的情緒。

現代人自少在情緒生活方面，經常患得患失，小小年紀已面對學業上的競爭；少年時代初嘗人事，在感情世界上糾纏；出來社會做事，工作壓力越大，代表自己越成功；似乎失眠、胃痛已成為天公地道的事。我們已忘記，原來身體的不適，反映出生命的危機及一個渴望舒適生活的內心世界的抗議。我們長年累月在痛苦中掙扎，習以為常，飲鴆止渴，還以為這是豐盛人生。

水晶治療對糾正這方面的毛病特別有效，因為，水晶治療的秘訣是，我們用自己的思想，結合水晶的能量，清除身體內的負性能量，令它回復正常。

心藥還需心藥醫，以有形治無形，方向錯誤，根本沒有成功機會。

我從來未見過一個神經衰弱的人，因吃西藥而霍然而癒，也從未見過一個感情失意的人，可以用興奮劑而勇敢活過來。

水晶治療帶來的，不單是一種醫療的方式，也同是生命的反省，明白了以往的不是，你自自然然會作出生活方式的

修正。

　　這才是徹底的治療。

（二）　力量來自三個泉源

　　水晶治療一點也不複雜，如果你問我，要怎樣學習才能發揮它的功效，我的答案非常簡單，將它變成信念，變成生活的一部分，它自然生效。

　　我們習慣了現有的醫療，感冒吃感冒藥，頭痛吃止痛劑，肚瀉吃止瀉丸，發燒吃退燒散，我們習慣了以藥物醫療身體，在這種倚賴藥物的心理下，水晶治療很難產生神奇的療效。

　　有位印刷工友告訴我，上班時，他抬紙上車，一個不小心，扭傷了手指，根據以往的經驗，傷勢不輕，可能要休息數天，他第一時間想起水晶，很自然自褲袋掏出來，握在手心。五分鐘後，痛苦消失，翌日回復如常。對他來說，這是非常寶貴的一課，從此以後，水晶就是他的第一位醫生。

　　水晶治療的神奇力量來自三個泉源：一是你的信念或愛心，二是宇宙光，三是水晶本身的震動。只要將三者結合，便可以應付大多數的治療。

（三）　讓白光運行不息

　　以下是一個流行於西方的通靈治療瞑想（Healing Channel Meditation)：

　　左右手各持一水晶柱。

　　坐在椅上，放鬆，開始瞑想，頂上有團白光。想着白光來自天堂，有着強大、創造奇蹟的治療力量。它在頂輪中進入，慢慢滑落至心胸。

它在心輪盤旋，逐漸，它成為一團靈能，令你整個身體擁有治癒一切疾病的能力。

保持這種感覺，直到你進入了自己滿意的狀態（即是說，那種感覺已經很清晰，很明確）。

跟着下來，觀想兩道光分別由心房左右流向肩膊、手臂、手掌。整個人發出強大的治療力量。將左手的水晶按在病人身上，觀想它發出白光，將原有盤旋的黑氣擊散消除，回復應有的光明及健康。

過程中，你要有這樣的心念：你只不過是工具，將宇宙光引落病人身上的工具，保持一個無私的愛心，讓白光運行不息。

這個心念非常重要，因為，一旦你的心中出現傲慢、自大的感覺，人與宇宙的交流通道便會被識神阻塞，再沒有超人的能力。

沒有水晶在手，你一樣可以做這個通靈治療，只不過你用雙手按在病人的肩膊或患處，作同樣的治療觀想。

水晶治療不斷在新紀元創造奇蹟。卡絲娜華高描寫過，有位水晶專家用一根碧茜柱，醫好了一個因交通意外而半身癱瘓的女人。

我自己的遭遇：有一位女士聽了我的意見，用水晶治好了家婆的坐骨神經痛，未做治療前，老人家不能走動，止痛針打完又打，依然痛不欲生，最後頑固的老人家主動出聲，要嘗試水晶治療，那是多麼無奈的事。這次治療前後十次便好了。對很多人來說，委實不可思議，然而，它是事實。

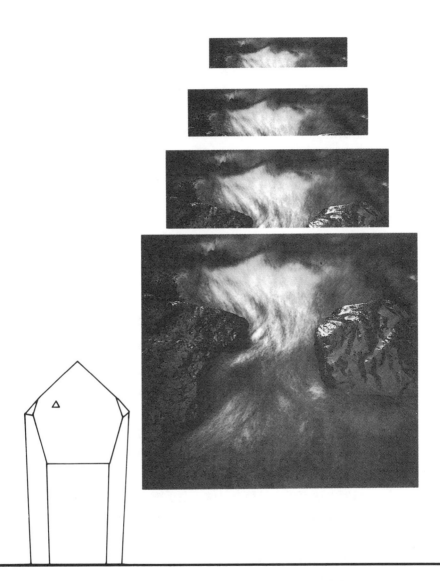

21　用水晶透視病源

（一） 神經反射區的學問

試過腳底按摩沒有？試過的話，一定忘不了那種咿牙咧齒的疼痛滋味，以及驚訝古人的智慧，怎麼可能自腳底找到反射區這種學問？

其實不單止中國人有這門學問，外國也有這門學問，外國的土法治療，一早已懂得自手指的徵狀，瞭解人體內在的情況。

這門學問有說來自古印度，有說脫胎自中國針灸學，不過，來源不是個問題，反正古代人類文明是一整體，將來也朝大同的世界而去，我們只要知道這門學問有一定的作用，對解決健康的問題有良效，起源倒不用耗費時間研究。

（二） 靈擺探病源

水晶治療第一步：找出身體出現毛病的地方。

找出毛病有很多方法，我在《水晶宮之旅》中介紹過用靈擺，逐一放在身體的輪位，看它的反應作定奪。方法有效，卻不大方便，起碼要有張牀，許多喜歡即席試驗的朋友問：有沒有更簡單的方法。

更簡單的方法，便是將靈擺放在手掌的穴位上，逐一試驗，呈現順時鐘的擺動，正常，逆時鐘擺動呢，是為失調現象，應該深入探討。

這個方法可以自己替自己做，左手攤大，右手持靈擺。

出現疑問後，可進一步發揮靈擺的解答疑難特性，不斷追問：

「是這裏出現問題？」

「嚴重嗎？」

「最近發生，是不是？」

「不理會它有沒有問題？」

「哪種水晶可徹底治療？白水晶？茶晶？紅髮晶？」

不用手掌，用腳掌也可以，原理是一樣的。學過腳底按摩的，駕輕就熟，更加勝任自如。

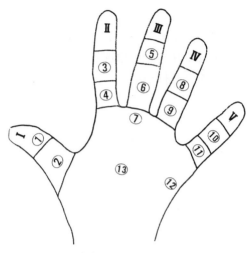

手掌的穴位圖

I	神經系統	IV	排泄系統
①	氣機狀態	⑧	腎 ⑨ 膀胱
②	肉液的酸鹹濃度	V	生殖系統
II	呼吸系統	⑩	男性——睪丸
③	支氣管 ④ 肺		女性——卵巢
III	消化系統	⑪	生殖器
⑤	肝 ⑥ 胃 ⑦ 腸	⑫	血液質素及循環
		⑬	心臟功能

　　每隻手指反映不同的治療方法，用靈擺測試，即可知自己需要哪方面的改造。

（一）靈性改造：輪位平衡法，顏色觀想法。

（二）呼吸改造：瑜伽式呼吸法，顏色觀想呼吸法。逆呼吸法。

（三）消化系統改造：注意飲食，腹部按摩。

（四）情緒改造：水晶浴，靜坐，心理分析。

（五）肉體改造：七重輪平衡法，多作運動，太極或瑜伽。

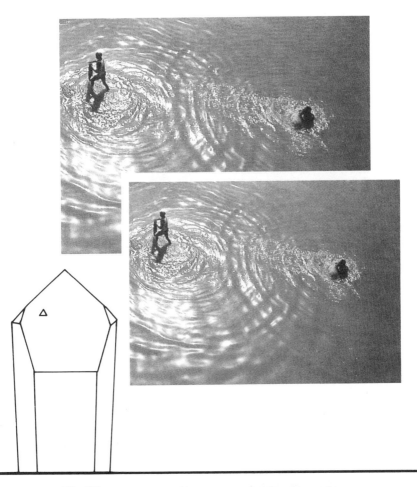

22　水晶浴回復青春

（一） 益毛髮、悅顏色

第一個發明水晶浴的人是誰？

這個我可不知道，但明代著名醫學大師李時珍在《本草綱目》中，曾說水晶「帶寒無毒」，主治「驚悸心熱」，功能「益毛髮、悅顏色」，從古老的學問角度去看，水晶蘊藏如此巨大的功能，改變人體新陳代謝的功用——「益毛髮、悅顏色」——那麼，水晶浴在古代也是很順理成章之事吧！

返回二十世紀的水晶熱潮，八零年代推行水晶最力的荷里活明星莎莉麥蓮，寫過好幾本書，其中一本是《在光中跳舞》（Dancing In The Light），其中有一段提及她的生活習慣：每天，她都用四枝水晶柱進行水晶浴，保持身心的健康與寧靜。莎莉麥蓮說，她能長時期保持青春的心境與樂觀的做人態度，水晶浴是一大功臣。

莎莉麥蓮在書中曾提到用水晶飛越長生，但沒有詳細具體的方法，很多人看了，頗感迷惑，水晶浴究竟是怎麼一回事？

外國有些水晶專家在瞑想中得到啟示，明白了水晶浴，於是在他們的著作中將水晶浴方法原原本本寫出來。我結合了這些文章的方法加上自己的意見，整理如下：

（二） 水晶浴的過程

簡單說，水晶浴是一種精神及情緒的徹底洗滌，將所有內心的陰霾一掃而空。

工具：新紀元輕音樂、手掌般長短的水晶柱四條或同樣大小的紫晶晶簇，以及洋燭一枝、海鹽一匙。

在浴缸旁點上洋燭、熄燈、播放音量適中的音樂（不可

戴耳塞），特別要注意：錄音機不可近浴缸，以免發生危險。

在浴缸的四個角落，放上白水晶四枝，柱尖指向外。

如果不用水晶柱，可用紫晶晶簇來代替，但以效果論，白水晶柱比較好。

扭開水龍頭，放下溫暖的水，水流撞擊水晶後，迅速釋放出水晶的能量。

放下海鹽一杯，攪拌半分鐘。

在踏進浴缸時，先作一個自我確定：「我藉着這次水晶浴，徹底清除身體、心靈以及感情上所有的不潔，回復我渴望得到的青春與活力，感覺是前所未有的好。」

踏進浴缸，浸在水中，先作十下深呼吸，盡量鬆弛，將所有的不愉快置諸腦後。

這個時候，將背後的兩枝水晶柱拿起來，放在掌中。

左手一枝，柱尖向內，右手一枝，柱尖向外。

敏感的人會馬上感到，有一股輕微的能量，進入身體，在胸口打個轉，然後自右手的水晶柱走出外。

這是人體氣流的自然軌迹，躺着、閉目、盡量心無雜念，不要干擾它。

五分鐘後，你可以進行第二步清潔工作。

你集中精神，作一個觀想。

觀想自左手流入的是白光，自右手流出的是黑光，黑光流出後，被腳旁左右的兩枝水晶柱一點不賸的吸掉。

你身體內所有的病痛，感情上的不愉快以及精神的痛苦，隨着右手的黑氣而清潔得一乾二淨。

照我教導朋友的經驗，水晶浴對心靈有創傷，例如親人離去，失戀以及工作不如意，朋友關係不融洽，有非常顯著的功效。有幾位朋友只泡過一次水晶浴，馬上將長期低落的情緒一掃而空，比什麼治療都要來得有用。

在適當的時候，你不妨發出叫喊，讓聲音將所有抑鬱宣洩出外。

身體有病的朋友，可以觀想，白光是一股強大的治療力量，這股力量進入身體內，將所有的黑氣逼出體外，讓身體回復生機與活力。

（三）　浴後的水晶處理

如果你說，自己是一個身體健康，精神愉快，沒有任何生理及心理問題的人，水晶浴有什麼好處？

好處還是有的，你只要躺在溫水中，讓水晶的震動，不斷沖激身體的細胞，在短短二十來分鐘內，你會感到疲累一掃而空，整個人容光煥發，彷彿年輕了幾年。

這十來分鐘的水晶浴，比睡上一整天還要有效。

最後一提，水晶浴和水晶水一樣，用的水晶，一定要優質而震動頻率優美的，經人工方法處理過或未經清潔的水晶切記不可用，一塊受傷的水晶，散發出來的力量也同時是有害的。

水晶浴後，用過的水晶需要好好處理。

嚴格來說，四枝水晶柱都不可再用，直到它吸納的負性頻率得到清除為止。

因為，如果你做得好，將身體內的黑氣逼了出來，那麼，這四枝水晶便是一些有問題的物體，任何人碰了，都會受到感染。

你應該用紙巾包好，親手逐一放在海鹽中，起碼浸它七天，直到它得到徹底的淨化為止。

有些人家裏有後園，更易辦，將水晶埋在泥中讓地靈的力量，將它們重新充電，這個方法，比海鹽更為有效。可惜香港沒幾個人有花園。

你也可以跑到郊外，埋在一角——如果你不怕它們在七天內「走掉」的話。

總括來說，水晶浴比蒸氣浴、泥漿浴、芬蘭浴有意思，它照顧的，不單是你的肉體，還有心靈。要譬如的話，水晶浴其實是一次洗禮，不過，這次洗禮你卻無須加入教會。

所以，千萬要試一試！

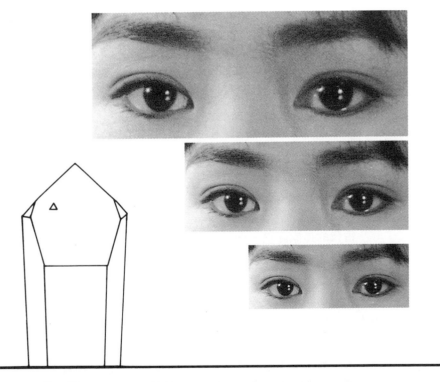

23　水晶帶來明亮的眸子

（一） 淚水帶走穢氣

有位小姐修習密宗，不久之後，經常嘔氣，肚子裏好像翻波作浪似的，跟着，打坐時，雙目不停地流出淚水。她感到不安，跑去問上師。上師說，這是正常的，它在清理身體、心內的習氣，叫她忍耐一下，不久便會消失。

這位小姐是護士，性好尋根問底，對她來說，這種答案未免抽象而籠統，不大能解決心中的疑竇。

有一天，她到「水晶宮」來，跟我說起自己的經驗。

我聽了，答：「如果你想快點解決自己的問題，嘗試用水晶球吧。」

她不明所以，追問。

我跟着解釋：「你的上師沒有錯，這是清理身體內的習氣——亦即穢氣，一般來說，能夠入靜的學者，都有這般反應。」

「不過，要科學地解釋起來，便得用道家在這方面的智慧。」

（二） 提出五臟之病

古代的道家認為，世界上沒有得癆病的神仙，亦沒有吃草藥的得道者，既然學道，那便得修成百病不侵的體格，要修成這種體格，不但要治好已出現的病，還要治未來的病。

從表面觀察，很多人健康快樂，若無其事，然而內中隱藏未發的病根，若一旦生活不檢點，病魔纏身，此時再乞靈於藥物，已然太晚。

大多數疾病，源於喜怒哀樂，喜則傷心、怒則傷肝、哀則傷魂、樂則傷魄，在未發之前，將五臟之病由眼提出，自

144

然杜絕所有將來之病。

為什麼五臟的病可從雙眼提出來？

為什麼我們可以從一個人的眼睛，看到他的健康狀況？

為什麼一雙混濁的眼睛，可以變得明亮照人？

原來古代的道祖如此理解人體：

人在初結胎時，在母親的腹中，所有的五臟都是由眼睛的細胞演變出來的：「天一生水生黑睛而有瞳人通腎，地二生火而有兩眦通心，天三生木而有黑珠通肝，地四生金而有白珠通肺，天五生土而有上下胞胎通脾，故五臟精華皆藏於目。」——見千峯老人的《性命法訣》

在整個身體中，只有雙眼屬陽，餘皆屬陰，要提出平日積聚之病，便得由此着手，用雙眼之陽光，引出內藏的真火，內中渣滓自然隨淚水流出來。

很多學習靜坐的朋友，便是不知不覺間，因凝神而啟動五臟的病管，做到同樣的效果。

（三） 平心凝視水晶球

道家有一個凝視丹球的功法，專門清除五臟的病毒。我改用水晶，教過幾位朋友，效果非常好。有一位在電視台工作的小姐，原來因肝病而致雙目混濁無神，經過一個月後的練習，已經變回黑白分明，神采飛揚。

方法如下：

先找一個天然的水晶球（不是人工合成的含鉛製品），輸入一個健康的訊息。放在面前，距離身體三尺，高低以與目平視為宜。

閉目作十下深呼吸，平定心神，然後張開眼睛凝視水晶球，不要眨眼，亦不可太勉強。

不久之後，眼睛出現澀意，跟着流出淚水。這種淚水味

臭而鹹酸，是因為五臟之渣滓，流盡之後，眼睛自然會回復童年時明亮。

基本上，每一個修習靜坐的人，都會有一雙明亮、黑白分明的眼睛，他們也許不明白道家的道理，然而一個人靜下來，五臟得到休息，自自然然回復平衡與好生機，用現代人慣聽的生理術語，那便是內分泌得到適當的調整，回復應有的功能。

一個人健康與否，觀其目可知大概。

一個人修煉成績如何，一雙眼睛是最好的證明。

道家的靜坐功夫做得好，眼睛會變綠色，這是古籍中早有的記載，如果你明白內臟與眼睛的關係，當會明白這是自然變化，並非神話故事。

最後一提，練習上述功法，開始時，時間不要太久，稍有澀意即要停止，跟着循步漸進，直到淚如泉湧。

練習完畢，緊記不可馬上離座，應該先閉目靜坐片刻，讓氣息回歸原位，以免眼睛動氣而受傷。

水晶是工具，活用它的是人，有些人問：「水晶球除了遙視將來，還有什麼用？」

我答：「水晶球妙用無窮，遙視將來外，還可聚氣生財，順手拈來，就是上述的一個保健大法。」

24　水晶治療寵物

（一） 醫治「大日子」

鄰家的小女兒敏敏偷偷地養了一隻北京狗，為了這隻小寵物，她可吃了不少苦頭。大廈規例不准養狗，她只有將「大日子」（狗的名字）關在露台，閃閃縮縮幹盡了不少卑躬屈膝的事。

不知是否香港的天氣變化太大，又或居住環境太侷促，「大日子」經常生病。

一個月總有兩三次在電梯碰見小主人面青唇白的將牠帶往診所。

一天，她忍不住跑過來問：「陳先生，水晶可用來醫人，可不可以醫狗？」

可以醫人，當然可以醫狗，不過，我從來沒有醫過狗。為了敏敏這個問題，我翻了幾本書，提供出幾個可行的醫療方法。

效果如何？

「大日子」看醫生比以前少了一半，健康狀態明顯比前佳，情緒也遠較為穩定，我想——如果牠不是在不適當的地方居住，沒法接觸大自然，牠會變成另一隻更快樂的狗。

（二） 治療寵物的理想光

所有醫療生物的原理大同小異，尤其自然療法，強化細胞，血氣暢順，自然百病祛除。

運用水晶醫治寵物，在外國非常盛行，這種醫療方法需要觀想能力配合，才能發揮出真正的效果，然而，一個充滿關懷與愛心的人，是不會失去這種能力的。

根據一位水晶專家Laurie Jelgersa的研究心得，動物

復元的速度比人類更快；動物沒有成見，沒有懷疑，更懂得分辨好壞，相對來說，人類的反應呆滯得多。

治療人類，通常召喚白宇宙光。

治療動物，理想的光是橙、綠、藍三色。

為什麼出現這些分歧？Laurie Jelgersa沒有解釋，她只說，根據實驗心得，橙、綠、藍的治療效果較理想。

這個問題，大概可用動物的靈性比較低來解答。它們需要同頻律的宇宙能。

橙色的宇宙光能治癒動物在生殖器官及消化器官的毛病，同時也帶來安全感。

綠色的宇宙光帶來活力，強化動物的肉體機能。

而藍色的宇宙光，有安撫動物情緒，令牠們安詳的功能。

（三） 驅散寵物的黑氣

至於運用的方法，有下列幾種：

（一）將白水晶柱放在左手，統攝精神後，按在患病的地方，如頭、腹、身體四肢等。觀想宇宙光落下來，順着手流出外，在動物身體打個圈，自左手流回身體。如此循環不息，利用宇宙光淨化寵物的病氣。水晶是為擴大宇宙光能量的工具。運用這方法時要注意，倘使無法想宇宙光自頭頂落下，不要作自左方吸入的循環，因為你可能吸入病氣而無法淨化，形成對自己身體不利。

你只需專心觀想宇宙光自右手射出來，驅散寵物身上的黑氣便可以。

治療時間由五分鐘至十五分鐘不等，過程中留意牠的變化。

病情嚴重，每天起碼治療一次。

（二）手握水晶圓塊或水晶球，輕輕在病患處按摩。一方面觀想宇宙光自手中散射，形成強大的治療能量。

（三）假定某一天，你離開家園，接到消息，寵物病了，那又如何是好？

你需要以下的遙診方法，握水晶柱在手，平息心情，想像自己走進水晶內，寵物就在面前，接受你的診治，並用上述的方法將牠徹底的醫好。

如果你不清楚選用怎樣的宇宙光，就乾淨俐落地運用一塊彩虹水晶吧。

它自然地散射適當的力量。

另外，Laurie Jelgersa寫過一些特殊的個人經驗，頗為有趣，喜愛寵物的朋友不可不知。

她說，她的狗生蚤，為了驅走這些討厭的小東西，她試圖用白水晶浸水給牠喝，結果不生效。

忽然間，她得到靈感，這個問題要用紫水晶來解決。遂改用紫水晶浸水。

結果出乎意料的好，牠的狗從此沒有蚤。

這個方法簡單易行，大家不妨一試，水晶水的製作請參考本書第26章：水晶「水」妙用無窮。

請留意，動物的抵抗力比人類弱，水晶水不可太濃縮，要盡量稀釋，開始時一點一點加上去，以免過猶不及，弄巧反拙。

有一趟，她心愛的鸚鵡由於下三輪失去平衡，常有一些好像自虐的不正常動作，她遂將一顆黃晶放在水杯中餵牠喝，自此之後，鸚鵡回復正常，不再自我虐待了。

另一趟，她的愛駒肌肉腱發炎，獸醫說，六個月的休息及停止運動是必須的，否則後果堪虞。結果她以綠及藍宇宙光給愛駒作每日治療，六周──不是六個月，牠回復正常，奔跑如昔。

又有一趟，旅途中，愛犬暈車浪，不停的嘔吐，在高速公路上，沒有醫生，有什麼辦法呢？

結果，她一手握軚盤，一手按着寶貝，觀想藍宇宙光，自此到終點，牠在酣睡中，再沒有嘔吐過。

除了上述的例子，Laurie Jalgersa還有幾句名言：

動物不可能靠觀想病好便病好，牠們不會欺騙自己，牠們只知道自己是否眞的病好。

一個人用水晶治好，大家會說，也許是心理因素吧，他本來是沒有病的。

一頭動物被水晶治好。

我們可不能說，牠一直是疑心生暗鬼，庸人自擾吧！

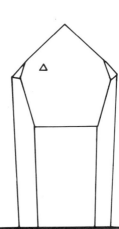

25　令植物起死回生

（一） 連鐵樹也養不活

　　朋友是著名的「綠手指」，寫了幾本有關園藝的著作，名列暢銷書的行列。有一天，我拜訪他在郊野的住所，閒聊起園藝，我說我是懶惰慣的現代人，完全不懂照料植物，新居入伙，朋友送了我兩株巴西鐵樹，沒多久便告香銷玉殞，我感到十分內疚，連鐵樹也養不活，恐怕除了植物化石之外，不宜接觸任何植物。

　　朋友聽着，笑起來，忽然問：「水晶是不是有助植物生長？」

　　我想了想，答：「有這種說法，外國的水晶品種，有一種叫植物水晶，形態和質地比較差，特別用在園藝之中。」

　　「水晶對人體和動物有正面影響，對植物也產生同樣的效果。它在改變植物細胞的電磁場方面，十分有效。」

（二） 插在植物的四周

　　水晶應用到植物的方法，簡易可行，將數株天然水晶柱，插在植物的四周，底在下，尖端朝上，自自然然，水晶的震盪會帶給植物生機與活力，促進新陳代謝，植物隨而欣欣向榮起來。

　　植物和人一樣，需要的生命元素，不僅限於營養，也同時需要無形的電磁能，簡單點說，便是地靈的力量。有時，一棵植物在屋裏的一隅，奄奄一息，移到另外一角，陡地枯木重生，再度活躍起來。

　　人需要有好的風水，植物也需要。

　　沒有風水的選擇，便要借用水晶改變四周的電磁場，令植物在理想的環境中生存下去。

（三） 長出了嫩芽

那一晚回家，我身體力行，將水晶柱插在鐵樹的四周。為了效果更好，我佈了一個七星陣——（ Seven Stars Grid），當中一枝水晶柱插在樹幹之旁。

翌日我回家，發現枯黃了的樹葉更黃，心中有點狐疑，難道不生效？

跟着下來兩天，工作忙，沒有時間細心觀察它的發展。但鐘點工人問：「樹葉掉光了，恐怕養不活，要不要丟掉」。

我答：「過兩天再算吧。」

我將水晶水，輕巧的洒在樹幹，看着水點晶瑩地溜進泥土，心中升起一個堅定的信念，我相信它一定會再度活過來。

三天後的早上，我醒來後跑出大廳，忽然間有所感覺，轉過頭，看到一片嫩綠的樹芽自軀幹冒出來。

它終於找回失去的生命。

其後我將方法教給幾個喜愛園藝的朋友，他們印證了一個結果，水晶帶給植物更強壯的生機。

（四） 做個小實驗

移民加拿大的朋友對我說，她將這方法擴大，在花園的四周埋下一枝六、七吋長的水晶柱，再在中央插下一枝大兩吋的水晶柱，結果發現花花草草前所未有的活潑。

有一趟，其中一株心愛的植物出現問題，她將一角的水晶柱拿起來，插在這株植物的旁邊，不久它再度活過來，據她的瞭解，移動的水晶柱將其他水晶的能量帶過去，刺激植

155

物的生長。

然而必須緊記，中央的水晶柱不可蹓。

如果你相信水晶的神奇力量，不妨作個小實驗。找一株檸檬草（Lemon Grass），放近窗台，向光性自自然然令它傾向窗外生長。

這個時候，你再在另一邊放上一枝水晶柱，柱尖向着草，兩三天後，你會發現，它開始改變生長方向，傾情於水晶。

這表示了，它自己作了一個選擇，認為水晶的能量更有吸引力！

自然界的生物懂得選擇最有利的生存方式，我們人類自詡為萬物之靈，但在本能的發展上，似乎遠遠不如植物。

我們之中，還有很多人懷疑水晶的作用。

水晶真的能令我們活得更健康更快樂？

如果你愛植物，並聽懂自己內心的呼聲，問題根本不該存在。

最後有點補充，除了白水晶柱，黑石如黑碧璽，對植物也是極佳的輔助石。

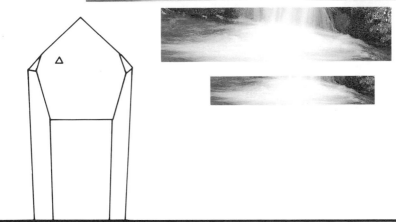

26 水晶「水」妙用無窮

（一） 將水變成能量

水晶精華（ Crystal Essence) 究竟是什麼一回事？

簡單點說，水晶精華便是水晶水。

水吸取了水晶的特殊震動，喝進人體，成為治療及重建肉體、感情、心靈及精神的「 良藥 」，而這門學問，並不是流行的玩意，它在地球上出現了已有數千年的歷史。

我們知道水是極佳的傳導體，而它和水晶一樣，有着同樣的震動頻律，水晶在水中發出的震動，被保存下來，喝進人體，便成為有效的平衡劑。

人體中有百分之七十至八十為水分，這些水分如果受到了水晶精華的影響，便會改變震動的頻律，導致整個身體的狀況也改變過來。

中醫說，所有的病因源於血氣不通。

在水晶治療來說，所有的疾病源於負性能量——身體能源穴（ 輪穴 ）出現黑氣漩渦。

基本上，血氣不通與負性能量是同一回事，只要修正了身體器官的不協調，人體自然回復應有的生機，失去的健康也就找回來。

水晶精華的道理就是如此簡單。

自然療法的學問從來不複雜。大道至簡！可惜很少人明白什麼是大道。

我在展覽會期間也曾被問及水晶精華的問題，回答也許流於粗略，在此作一補充。

（二） 不是全部都可喝

首先要明白，並不是所有的晶石都可以浸水喝的，切要

緊記，凡是含有銅或易於溶解並有毒素的晶石，都不可用。

舉例來說，孔雀石（Malachite）、藍銅礦（Azurite）、孔雀矽石（Chryocolla）、松石（Turquoise)都不可用，這些晶石含銅，溶於水中產生毒素，對人體有害。

可用的水晶有下列幾種：

（一）茶晶——將人體的能量穩定下來，令一個人變得有力量。

（二）芙蓉晶——平衡及平靜情緒，是失意、失戀以及感情受到過度刺激時的首選恩物。

（三）紫晶——打坐前喝少許，方便入定，有助靈性的提昇。

（四）黃晶——浸水後的黃晶震動，不會帶來財富，但會開發臍輪，令一個怯弱的人變得勇敢起來。

（五）青金——有特殊的安寧作用，幫助瞑想。

（六）紅寶石或石榴紅石——帶來刺激及熱情，驅除冷漠。

（七）水藍寶石——有助開發語言能力，特別適用於語言障礙病的孩童。

（八）祖母綠——有着廣泛的治療作用。

（九）碧璽——不同顏色的碧璽有不同的作用。粉紅色安撫情緒，綠色及水瓜色的有治療功用。

（十）白水晶——將訊息輸進去，浸在水中，用在任何方面也用得着。

（三）　浸水晶的步驟

選擇了適當的水晶後，跟着開始製造的過程了。

你需要一些工具：

一樽蒸餾水、數個玻璃瓶（可以密封那種），過濾罩、

四枝白水晶柱及一個滴瓶。

首先，將晶石作徹底的清潔，用水冲乾淨。

將蒸餾水倒進晶石，密封後放在陽光下晒三至五小時。可以的話，儘量利用早上十時至下午二時的陽光。

將四枝水晶柱放在瓶子的四周，柱尖自四個方向指着中央。

如果有白金字塔水晶，將它放在瓶子上面。

也可以將一個水晶靈擺放在瓶子上順時鐘方向旋轉幾分鐘。

這都是凝聚宇宙能，將水充電的方法。

陽光是將水充電的能量來源，晒得越久，水吸收晶石的震動越多，能夠利用月圓之夜的神奇引力，將水晶的力量釋放出來，效果便更好。

一般來說，浸上三天已足夠。

這個時候，水變成精華，將它倒出來，為防喝進水晶的碎片，用濾罩隔去碎片。

將精華倒進密封的玻璃瓶，如果你準備長期飲用，為防變壞，可以加進白蘭地作防腐劑。

份量是這樣的：

三十五安士水落十五安士白蘭地。加起來一共五十安士。加進酒精後，依然可放在窗台，讓陽光、月亮將它不停的「充電」，所謂吸收日月精神，便是這樣的意思。

跟着下來便是將精華裝在滴樽中，以便使用，滴樽必須消毒，通常的辦法是放在滾水煮過，像奶瓶消毒一樣。消毒後，將精華倒進滴樽，密封，貼上標誌，用以辨別。

兩年前，我試過花了一周的時間，浸了十二種水晶精華，將它們陳列在窗台後，貼上標誌，感覺是自己開了一個藥房，什麼病都不用擔心了。單是這種心理上的安全感，已經很有意思。

（四） 兩滴已足夠

隨下來的問題是：怎樣運用水晶精華？

如果你要增強活力，提昇情緒，可在早上起牀，滴兩滴在飲品中。

爲治療用途的話，應該在空肚時飲用，這樣吸收起來會更快，効力更顯著。

另外，也可以將它滴在水中，一同飲用。水晶精華和同類療法的補救劑（Remedy）一樣，都是利用一些看不到，甚至化驗不到的宇宙能量，修正身體失調之處，它們不是藥，不是化學藥品，服用後全無副作用。

唯一的問題是，如果你的心有懷疑，拒絕相信它，它的效用會大減。相對來說，服用後作簡單的瞑想，用信心結合它的能量，令你意想不到的奇蹟往往會出現。

（五） 老少咸宜

水晶精華適用於大人與小童、所有年齡的人。

有些人完全不能接受酒精，小小一點吃進肚子，也會產生敏感，出現不適，那又怎辦呢？

在這個時候，你可以將水晶精華放在浴缸中，讓身體吸取它的能量。塗在皮膚上，作七下深呼吸，也是個可行的方法。

有些人直截了當的將水晶精華滴在舌底，他們相信這樣吸取起來會更快，然而，這個方法並不是人人適用，天賦敏感的人容或會感到過分刺激，尤其一些威力驚人的精華如紅寶石精華，應該稀釋了才使用，否則「虛不受補」的情形便會出現。

水晶精華也可用在「遙診」（Absentee Healing)中。將一杯清潔的水放在照片上。落下三、四滴精華，再加上自己的瞑想，瞑想水晶的震動能量是滲進照片中的人，將他身上的病氣消除，回復健康與活力。更理想的做法是觀想宇宙白光，射入水中，與精華結合成一股強大的治療力量。

無論如何，你得留意身體的反應，決定服食的份量。有時，兩三種水晶精華混合服用，產生奇異的效果，這是所有的藥物無法相提並論的。如果你懂得香味治療（Aromatherapy)，你會更容易明白我的話。

懂得香味治療的朋友，有沒有試過將香油放在水晶精華內燃點呢？如果沒有，趕快一試，我保證你會得到意外的收穫。

最後，我要作一點題外話。

（六） 符籙及水晶水

開首時，我說水晶精華在人類歷史上已出現了數千年。

你大概以為，這是羅馬時代，西方文化的遺存。

但我說，中國也有水晶精華。

道家的符籙便是另一種水晶精華。

先秦諸子時代，道家的符籙派已懂得將意識變為文字，書寫在紙上，產生治病、驅鬼或祈福的作用。符燒在水中，能量轉化，改變了水的頻率，成為另一種精華。

所以，不要說飲符水是迷信，它背後隱藏了一門精奧廣大的科學原理：

物質形態轉變，能量終於不滅。

敲經唸佛的朋友，平日做功課的時候，不妨捧着個水晶球（有30mm直徑即可)，平放心胸，將經文咒音輸入其內，經過一段時間，這個水晶球成為一個充滿宇宙靈光的物體，

用來浸水自會產生不可思議的神效。

有位朋友照此方法唸了一萬零百篇「大悲咒」，將水晶球放在水壺內，長時間飲用，老人家的長年頑疾居然不藥而癒。

有個信奉日本佛教的朋友告訴我，他們從來不用修法也不用唸咒，只是誦唸經文，有一次，意外發現水晶球放在水中，發射出燦爛的紫光，而紫光正是他們的宗教靈光。喝進肚子，他明顯感到一團溫暖的氣流，由胃部散發全身，令他通體舒暢。

我說，水晶可以結合道家的符籙來運用，取代一般人無法做到的觀想，一向信服水晶的朋友忽然躊躇，問：

「符真的產生作用？」

朋友是天主教徒，我反問：

「你相信教宗的祝福？」

「我相信。」

「教宗在聖水上祈禱、祝福，洒在教徒身上，這樣和符籙有什麼分別？如果你相信聲音可以產生力量，為什麼文字不可以產生同樣的力量？」

朋友啞口無言。

我卻有點惆悵。禮失而求諸野，曾幾何時，一度光芒萬丈的中國古代文化，變得如此可憐、遭人遺棄？

希望水晶精華帶來的，不單純是治療的方法，而是心靈的開放，讓我們以更廣大的胸襟，迎接所有以往的人類文明。

補充一點，唸經時水晶球不放在心輪，可放在第三眼的位置。由第三眼送出訊息。然而，水晶球本身是強大的能量團，渾身發散能量線，有些人的輪位受不住刺激，內分泌失調，稍有不適現象，便應停止，或將水晶球放離身體，切勿勉強。

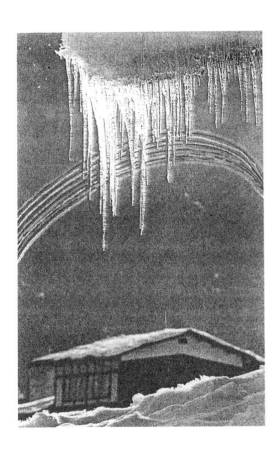

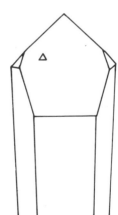

27　帶來圓滿的彩虹

（一） 裂縫形成光線折射

彩虹代表圓滿。水晶內出現彩虹有幾種原因。一是水晶在生長時遭受重大壓力（來自地売的變動），內部出現裂縫，形成了特殊的光線折射，遂出現彩虹。

第二個原因是能量在水晶內累積到極點時，形成了閃爍的光彩，也是彩虹。

另外，水晶柱與水晶柱交叠並生時，表面間偶有差異，形成光線的折射，也是彩虹。

選擇彩虹水晶，天然比人工形成的好。有些人將水晶放在雪櫃，利用冷縮熱脹的原理，令水晶出現裂縫，產生彩虹，這種彩虹欠缺自然的生命力，是所謂沒有內在力量的彩虹，並不值得推薦。

天上的彩虹，亦即是水晶的彩虹，分別由七色組成：

紅、橙、黃、綠、藍、紫藍、紫。

七種色概括了地球上所有的能量，是一切生命及物質的來源，因此擁有這七種色，等如擁有整個世界。

故此說，彩虹代表圓滿。

拿着彩虹水晶打坐，將彩虹印在心中，令身體的氣場出現彩虹，是一種圓夢的瞑想方法。

另外，將彩虹水晶放近窗台，讓陽光折射進來，透過它在室內散射出漂亮的彩虹，也有改進室內磁場，創造出美好風水的效果。

也有人喜歡將彩虹水晶放在燈箱上，讓光線將彩虹不停地印在四周的環境，當然，陽光比人做光線好。

（二） 一陰一陽謂之道

彩虹中的紅、橙、黃三色爲陽性本質，主宰左腦的知覺世界。

左腦是分析、邏輯、理性、組織、語言及意識的中心，這個區域要是發展得不好，一個人會變得思想混亂，難以在俗世上生存。

藍、紫藍、紫三色爲陰性本質，主宰右腦的世界，這個世界由直覺及潛意識所組合。

右腦是聖潔、直覺、藝術性、非語言及潛意識的中心。開發得好，超越三度空間，打破時空的局限，是舉手易事，開發得不好，一個人淪爲動物，只懂在食、色的慾界打滾。

簡單點說，左腦是太陽，右腦是月亮。我們必須左、右腦平衡發展，理性與感性同時發展，才可得到美滿的人生。

父母想子女成材，生活快樂，從小就要培養他們的雙線發展，這比單注重讀書成績，更令他們受惠。

一陰一陽謂之道。傳統的丹道對陰陽的解釋放在這方面，也可解說得通。左右腦發展到極致，二合爲一，便是全智、全悲、全能，大成就境界。

入世需要彩虹，出世同時需要彩虹，因爲，出世與入世，原理其實是一樣的。

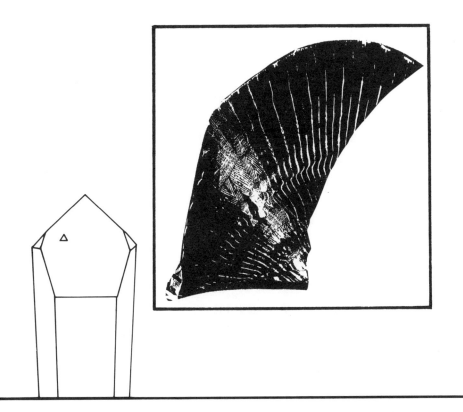

28　扯下生日石的神秘面紗

（一） 迷信還是眞實

有一趟，我到朋友的珠寶公司探班，閒聊間，來了一雙年老的顧客，男女衣冠楚楚，言談間顯示出是受過敎養的人。

女的操外省口音：

「六月生日該選什麼寶石？」

職員赧然，轉過頭問我：「陳先生，你來說，你是這方面的專家。」

我想了想，答：

「六月份的生日石是珍珠。」

「珍珠？珍珠也是水晶？」

「書本上是這樣說的，不過，也有人將瑪瑙視爲六月的生日石。」我解釋：「瑪瑙是健康與長壽的象徵，珍珠則是安寧與高貴的象徵，這得視乎每個人的需要。」

「象徵的意思是它不是眞實的。」男人插口。

「象徵的意思是它有那種能力，我們可以藉着它喚起身體內的能力。」我更正。

男人縐眉，有點混亂，半晌還是固執的說：「總而言之，不是眞的，只是古老的迷信。」

我笑了笑，沒有接下去說，一個習慣心物二分法的人永遠不會明白此中道理。不久，他們買了一串珍珠頸鍊，叮囑小心包好，原來是準備送禮用的。

他們走後，朋友舊事重提，問：「生日石是一個傳統的迷信，抑或眞實地產生作用？」

「什麼是迷信？什麼是眞實地產生作用？」我反問：「假使迷信而產生了作用，那麼它是迷信還是眞實地產生作用。」

「無形世界不可作有形的辯證，」我說：「而且，生日石也不是純粹一種信念，每種石的震動頻律，代表宇宙的一種特殊能量，這種能量產生代表石的德性。」

（二） 不同月份的寶石

在西方的歷史，相傳配戴生日石是波蘭人率先發起，但在波蘭人之前，古代的希臘哲學家已有關於寶石的讚頌，因此，月份石的歷史應推算到四千年或更早的年代。

波蘭人普遍有強烈的宗教情操。

波蘭人的生日石如下：

一月：榴石（Garnet）：永恒的象徵。

二月：紫晶（Amethyst）：誠懇的象徵。

三月：血石（Bloodstone)：勇氣的象徵。

四月：鑽石（Diamond）：純潔的象徵。

五月：祖母綠（Emerald）：愛情永固的象徵。

六月：瑪瑙（Agate）：健康和長壽的象徵。

七月：紅玉髓（Carnelian)：如意的象徵。

八月：纏紋瑪瑙（紅白條紋）（Sardonx)：兩情相悅的象徵。

九月：貴椰欖石（Chrysolite)：諸邪不侵的象徵。

十月：奧寶（Opal）：希望的象徵。

十一月：黃玉（Topaz）：忠誠的象徵。

十二月：松石（Turquoise）：昌盛的象徵。

除了上述的象徵外，每一顆生日石表示出特殊的宇宙能，與人體及外間的事物有一定的聯繫，懂得運用的話，一年十二個月是一個圓滿的修煉。

（三） 十二位守護神

　　另外一派的生日石，主要根據聖經新約全書啓示錄，經文說以色列大法師身上有十二顆不同的寶石，它們代表黃道十二宮和十二位守護神，換而言之，是神秘力量的來源。

　　這一派的生日石和波蘭人的大同小異，只是三月換上水藍寶石（Aquamarine），六月換上珍珠，七月換上紅寶石（Ruby），八月換上珊瑚及九月改爲藍寶石（Sapphire）。

　　生日石最好鑲成介指，戴在左手無明指；另外鑲成吊錘，掛在胸口，也是個好主意。有些人喜歡將深色的寶石圍在腰部，運用得好，長保活力及精壯。

　　戴首飾有學問，不懂其間奧妙，平白浪費上天創造寶石的美好心意，所有的寶石都應經過清潔，輸入訊息以及愛心的程序。即使你什麼也不懂，起碼你得對它有愛心！

（四） 不同星座的寶石

　　另外，星座和水晶也掛上關係。水晶受月亮的引力所影響，同時間，九大行星也成爲地球上衆多寶石的動力來源，此間學問極其複雜，解釋起來非花上大量篇幅不可，在此從略。大家只要明白，黃道十二宮的十二星座，每一個星座都有一顆保護星，強烈影響着在此間出生的人。

　　而這顆守護星的力量，正由地球上的十二顆寶石反映出來。星座石也是保護石，原理在此。

　　下列分別是黃道十二宮的代表石：

　　第一宮爲白羊座（3月21日至4月20日）

　　代表石：紅寶石（Ruby）。

第二宮為金牛座（4月21日至5月21日）

代表石：黃玉（Topqz）。

第三宮為雙子座（5月22日至6月22日）

代表石：紅玉（Carbuncle）。

第四宮為巨蟹座（6月23日至7月22日）

代表石：祖母綠（Emerald）。

第五宮為獅子座（7月23日至8月22日）

代表石：藍寶石（Sapphire）。

第六宮為處女座（8月23日至9月23日）

代表石：鑽石（Diamond）。

第七宮為天秤座（9月24日至10月23日）

代表石：紅風信子（Jacinth）。

第八宮為天蠍座（10月24日至11月22日）

代表石：瑪瑙（Agate）。

第九宮為人馬座（11月23日至12月21日）

代表石：紫晶（Amethyst）。

第十宮為山羊座（12月22日至1月20日）

代表石：綠寶石（Beryl）。

第十一宮為水瓶座（1月21日至2月18日）

代表石：安力士（Onyx）。

最後一宮為雙魚座（2月19日至3月20日）

代表石：尖晶石（Jasper）。

寶石飾物佩戴是一門源遠流長的學問，古代人藉着不同的寶石，將自己與宇宙意識重新聯繫起來。有些為了權力名譽財富，有些為了健康快樂，有些為了高層次的心靈發展，無論如何，他們深切明白，這一小塊的飾物不但外表美麗，同時蘊藏着強大的神奇力量。

他們渴望從中找到無限的世界！

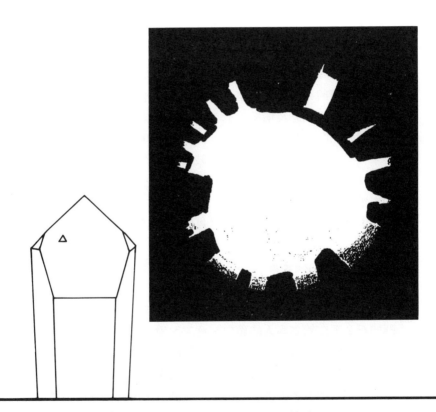

29 巨人隊的勝利石

（一）　找尋勝利石

有一天，「水晶宮」來了三個日本人，他們甫進來，便不停追問：什麼水晶可以帶來勝利？

店裏的職員不明所以，詢問下，才知道內中因由。最近的日本雜誌，有一篇關於巨人隊（即前王貞治屬隊）的報導，內文說，巨人隊的隊員自從佩戴了水晶吊墜後，每戰大捷，創出前所未有的佳績。那三位香港日本人看了。雀躍不已，便在朋友的介紹下，到「水晶宮」找尋「必勝之石」。

水晶為什麼可以令巨人隊必勝？

我不是巨人隊成員，也沒看過巨人隊的水晶飾物，不能回答這個問題。從另一個角度，卻可以作以下的理解。

在出賽前，先在更衣室作一番訓話，洋溢激昂鬥志，就在這時候，將訊息及情感，以口號的方式輸入水晶，水晶接受了強烈的鬥志及情緒灌注下，再以數以百倍計的力量擴大出來，於是乎成為一塊擁有極大鼓舞力量的魔石，可以在比賽中由頭到尾刺激巨人隊隊員的超人意志，令他們不惜一切，爭取最後的勝利。

跟着一個問題是，巨人隊隊員佩戴什麼水晶？

（二）　無形的興奮劑

如果我估計不錯的話，這該是一塊與人體下三輪開發有關的石？下三輪主宰人的體力、意志、爭勝雄心以及淘汰對手的競爭本能，適當的刺激，令有關的內分泌增加，自自然然成為另外一種無形興奮劑。外國的選手利用類固醇增加身體的激素，創造運動場上的佳績，不過這是所有體育協會禁止的事，加拿大飛人莊遜更為此掉了金牌，違法兼且對身體

有害，智者不爲，對比起來，巨人隊便聰明得多。

除此之外，水晶有令細胞充電 (recharge)，回復活力的力量。

原來我們的肌肉，通常來說，只儲有六秒鐘的能量。六秒鐘過外的持續運動，會導致肌肉緊張及疲累，跟着需要動用身體內的能量儲備，再不停運動下去，把整個人的儲備耗掉，人便像電力不足的玩具，手足不聽話，蹲在運動場旁喘氣。

充電有幾個方法，最普通的一個是休息，什麼也不做，躺在牀上，睡它六、七個小時，醒來，細胞充電，活力十足，所有的緊張及疲累全烟消雲散。

睡眠爲什麼有這麼大的好處呢？原來當我們入睡時，肌肉鬆弛，身體出現最少的緊張狀態，肺部呼出二氧化碳，帶入新鮮的氧氣，腦部進入歐化 (Alpha) 的腦波頻律，在這種狀態下，身體開始恢復能量，它像一塊水晶，將環繞我們四周的電磁能轉化爲生物電，滋養身體內數以兆計的細胞。

外國有些靈學家甚至說，我們睡眠時，靈魂會浮起來，在身體的上空停留，吸取四周的宇宙能，直到充電完畢，才掉回身體。許多人在夢中，常有下掉深淵的驚恐，這不外是靈魂回到身體軀壳的劇烈震動所造成而已。

（三） 細胞充電袪疲累

說回來，水晶是一團能量，非常純正的能量，佩戴在身，它幫助我們的細胞充電，袪除疲累，得到最快的復原。

一九八五年，一羣水晶專家曾在加州大學作過以下的實驗，證明了水晶的神奇充電能力：

（一）兩批人分別喝進水晶水及普通水，結果前者的電磁場在短短四十至五十秒鐘內，作戲劇性的擴大，顯示了驚

人的復元能力。

（二）將兩株玫瑰分別插在水晶水及普通水之中，結果水晶水那一株生存了二十一天，而另外一株呢，只活了五天。

（三）動物喝了兩星期的水晶水，不肯喝普通水。

（四）水晶放置在泳池，有效地抑制海藻的生長，化學劑也用少很多。

普通人不喝水晶水，可以作以下一個實驗，證明水晶的充電能力。

先找兩根手指長的優質天然水晶柱，分別持在左右手中，左手一根，水晶柱尖向內，指向掌心的勞宮穴，右手一隻，柱尖向外。

將右手覆在小腹上，左手搭在右手上。閉上眼睛，瞇十分鐘，站起來，張大眼，作三下深呼吸，短短的時間，你會發現自己變成另外一個人，身體再度活潑有力，疲累盡去，十五分鐘的養神，比睡上一小時還要有效。

我經常教有午睡習慣的朋友，午睡時握着水晶柱，結果，他們的經驗是，有水晶比沒有水晶在手，醒來頭腦更加清醒。

以上的方法，任何人可試，試了的話，你便會知道我說的話一點不假。

除此之外，水晶還有吸納負性能量，鎮痛以及穩定情緒的能力，假如大家實力相若，難分高低，多了水晶的幫助，這一方是不是馬上脫穎而出？

巨人隊長勝，首先有自己的實力，水晶是一個有效的助力。如果巨人隊是三流隊伍，我相信水晶不會將它變爲一流。大家也不必過分神化其事。

我的興趣被這樁新聞勾起了，已拜託一個日本朋友去打聽巨人隊身上佩戴什麼水晶。查出來後，一定告訴你。

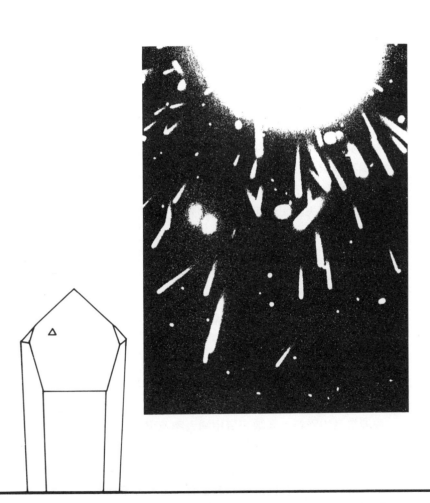

30 外太空的神奇石——隕石

（一） 粉身碎骨的危險

外甥從加拿大回來，興高采烈地向我展示她在當地搜集的水晶飾物，其中一雙耳環，是鑲銀的墨綠石，第一眼我被它吸引，拿過來把弄，突然間感到一陣失神，我馬上明白，問：

「這是隕石，對不對？」

她睜大眼，有點奇怪。

「你怎麼知道？」

「我當然知道，難道你沒看過《水晶宮之旅》？」

跟着我對她正色說，「千萬記着，以後駕車時候，不要戴隕石耳環。」

「爲什麼？」

「一個失神，你可能粉身碎骨。」爲了外甥安全，不能不語氣嚴重。

她買的隕石，不是普通的隕石，而是一種叫莫爾道隕石（Moldavite)的東西。

（二） 隕石王──火鬼之魂

這種隕石是隕石之王，外國叫「火鬼之魂」（Agni mani）因爲來自外太空，有與外太空及第四度空間聯繫的能力。普通的黑隕石在很多地方都可以找到，例如在香港常見的隕石，多數來自中國大陸及東南亞，幾位朋友自越南回來，都說在當地的古董街找到隕石首飾。

但莫爾道隕石不是普通的隕石，它的色澤爲微黑或綠色，常見在歐洲各國（在非洲也有，早一陣子便有位南非人帶了一塊重約一公斤的向我兜售）。因爲首先在捷克的莫爾

道河被發現，因此命名爲莫爾道隕石。

它的價錢非常昂貴，比普通的隕石貴上很多倍，原因是莫爾道隕石有非常特殊的能量，可以令普通人在很短的時間內進入恍惚的出神狀態，外國靈修人士，特別是那些喜歡玩靈體旅遊（Astral Travel）的人，更視作如珠如寶，它是極有效的離魂石。

關於靈體旅遊或靈魂出竅，羅倫桑巴曾在其著作中有非常詳細的描述，一個人躺在牀上，只要放鬆，想着自己在天花俯下來，看着牀上的自己，靈魂自然會出竅。

另外，西方瑜伽大師斯利雲馬喜頓（Sylvan Muldon）在其名著《靈魂出遊》（The Projection Of The Astral Body）說，靈體（亦即元神）出遊，中西玄學有不同的解釋。有些西方靈學家認爲連結元神與軀體的銀帶，來自太陽輪，要出神，自然該守着那個位置。另一種說法，元神的儲藏地是兩眉之間。又有一派說，人天交會點位在後腦與脊椎接筍的腦下延髓云云。

然而瑜伽大師研究的出神途徑和方法，其實全爲道家口中的陰神，耗費身體能量，對修爲有損。道家以出陽神爲煉神還虛的最後磨煉階段，陽神有胎，能量能聚能散，由非物質變爲物質，再由物質還原爲非物質，故有仙人的美麗故事。

（三）　第四度空間

隕石有帶動我們進入第四度空間的能力，朋友韓秉乾兄（東方古代科學研究中心的創辦人）告訴我一個有關隕石的故事。他說有一位女孩子跟他學打坐，偶然一次拿起一塊大陸的隕石，渺渺冥冥間，進入入定狀態，就在這時候，眼簾內出現驚人的景象，她看到自己在外太空，高速闖進地球，

儼然是天降流星的親身經歷。

像水晶一樣，隕石蘊藏的訊息，在一個心靈的探索下，被發掘出來，成為了一個匪夷所思的經驗。

另外，有位朋友也有同樣古怪的遭遇。這位朋友姓莫是教師，他在「水晶宮」買了一塊隕石，回家後拿來打坐。翌晚，他將隕石放在牀頭，矇矓間入睡，夢中看到自己在天上跌下來，跌向一個火山口，胸口遭受重壓，狼狽而恐慌地驚醒，醒來心房「撲通」、「撲通」地跳，他說十年來從未發過如此失魂落魄的夢。

隕石有趣又可怕，完全視乎你怎樣運用它。因為它的特殊能力，普通人不應帶着它出街，也不得配戴製作道飾，一個失神，意外容易產生。

我曾經看過以下的文章，有位女水晶專家經常與水晶飾物為伴，逐漸累積了豐富的經驗。一天，她與顧客閒談，注意到對方配戴着一個隕石吊墜，直覺地她感到對方自它身上吃了不少苦頭，於是追問：

「在過去半年來，你遭遇過交通意外？」

對方吃了一驚，點頭承認，跟着反問她怎麼會知道。

她解釋，因為她是個神經質的女人，這種性格的人，配戴起隕石，更加神經質，更加容易心神恍惚，所以推斷她曾經因此而遭遇意外。

（四） 先作一番自我肯定

總括來說，隕石可以拿來靜坐，對某些堅強、不容易放開自己的人來說，它尤其有着類似大麻的迷幻力量，運用得好，心靈力量會在剎那間釋放出來，走到你渴望的自由境界。然而，在運用隕石前，你應該先作一番自我確定的話，就是：

「無論我進入任何空間，最後我一定會回到原有的軀體，安然無恙而且精神愉快。」

這層工夫一定要做，同樣的，在打坐時，一定要先下保護網。這是靈修人士進入不可測的心靈世界時，對自己的起碼保護及照顧。

隕石可以帶來好運。有位讀者告訴我，他用隕石打坐後，心想事成，發了幾筆小財。他問我為什麼會如此？答案是一個人的潛意識力量釋放出來，可以產生轉移物質的能力，國內有幾位特異功能專家，利用隕石來刺激身體內的多度變化，達到突破時空的目的，無論如何，隕石增強第六感，預知未來，這是很多人承認的經驗！

31 錯戴寶石飾物的後患

（一） 製造不安寧的氣場

配戴首飾是一門學問。但這裏說的並不是基於美學角度的，而是從寶石與人的頻率配合而發展出來的。古代的人類明白寶石的不同震動頻率，遂將它們造出不同的首飾，或配戴在頭部，或配戴在身體，頸、胸、肚臍，以收調理身體，改造氣場之效。然而，發展到後來，寶石真正的作用已被忘記，只淪為裝飾及投資的玩意，結果寶石不但不能幫助我們獲得更好的精神及體魄，有時還會將事情弄得更糟，這真是令人始料不及的事。

我有一次參加宴會，旁邊坐了一位女士，她是社交名媛，戴了整身的珠寶，尤其是兩耳，分別夾上一卡重以上的梨型鑽石耳環，驟眼看來，整個人散射耀目的光彩，她的表情顯然是充滿自豪與自信。

我是被迫坐上這個位子，因為來遲了，熟悉的朋友已就坐，只好將就點。

我坐下來，馬上感到不對勁，整個人的氣場遭受無形力量的衝擊，產生極不安寧的變化，我抬頭一望，明白問題所在。

（二） 心煩意亂頭又痛

問題是那個女士的氣場非常混亂，她戴上太多不協調的寶石，令本來不平衡的分泌及情緒更加不平衡，於是整個人渾發出極為動盪混亂的能量線，坐在她身旁的人遂大吃苦頭。

我細心觀察，坐在另一方的男士大概是她的丈夫，他整個晚上，頻呼「冷氣機是不是壞了！」態度非常不耐煩。對

於他來說，這一頓飯並不愉快。我想，如果他明白自己的心煩意亂是由太太引起時，肯定以後再不會那麼慷慨。

那位太太戴錯了什麼？

她戴了太多屬於高頻率的寶石，令到原來分泌過盛的頭部更加分泌失常，她不應該戴鑽石，而應該戴一些穩定性較強如水藍寶石之類。

鑽石的密度是十，能量驚人，但這種能量屬於陽剛性與權力、主宰及支配性有關。古代的君王全部在權柄及皇冠上鑲上鑽石，情有所鍾，也是基於這個原理。對於一些性質比較平和、感性的女人，鑽石並不適合。

另外，這位太太戴着的紅寶石頸鍊，也是個失策。紅寶石是情慾之石，她實在毋須將自己弄到如此坐立不安。

更有趣的是，她的右手戴了一顆三卡重左右的黑奧寶（閃光雲）。黑奧寶是非常漂亮及昂貴的石，外表閃爍着令人着迷的光彩，相信很多人看了都會喜歡。然而，黑奧寶的性質是什麼？相信很少人知道。它有着吸引異性對自己產生性興趣的能力！

如果這些寶石放在麥當娜身上，天作之合，好得很，我相信她的氣場馬上光芒十倍，然而，這位富家太太偏偏又是個端正平和的女人，錯誤的配搭令她迷失起來。

我忍不住問她：「你是不是頭痛？」

她驚詫並反問：「你是醫生？」

不但她頭痛，我也頭痛。

可惜當時沒有機會，否則我當樂意爲她上一堂寶石課。

（三） 切勿戴着睡覺

寶石與人組合的秘訣只有兩個字：平衡。

寶石用以平衡我們身體能量及內分泌，戴得好，身體的

毛病減少，情緒穩定，戴得不好，它可能會產生相反的效果。

寶石是能量之石，凡是能量的東西，運用得不好，都會有副作用。

不過，讀者切勿過敏，上述那位太太只是一個極端的例子。我寫出來，有着警惕與提醒的用意，如果你喜歡戴珠寶，但越戴越不對勁，兼且運氣健康走下坡，請作一檢討。

另外一提，凡是寶石，切勿戴着睡覺。

原因有兩個。

一是寶石有吸納負性能量，保護主人的能力，日間吸納了負性能量（所謂擋煞），它需要時間復元，你應該將它放在晶簇中，好好的休息，而不該繼續配戴着。

二是人在酣睡，進入眼動睡眠（所謂REM Phrase)時，潛意識世界打開，感覺的敏銳性相對會提高，這個時候，寶石的能量可能變得強大異常，導致神經系統有過劇反應。我聽過幾個朋友向我說，她們戴了水晶墜鍊入夢，晚上驚醒，覺得胸口重甸甸，無法呼吸。有時，更會遇上可怕的夢魘。水晶吊墜也如斯厲害，何況能量更高的寶石！

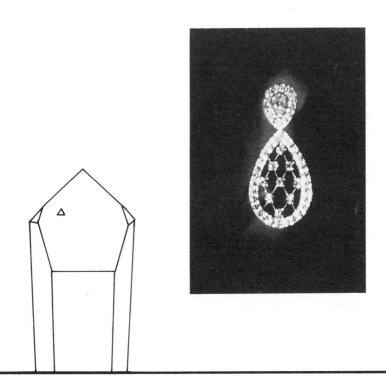

32　正確配戴寶石的好處

錯戴飾物的壞處已如前文所述，那麼，正確地配戴飾物，又有什麼好處呢？

　　好處說之不盡。

　　一、可以平衡身體的內分泌，令我們更健康、更有活力。

　　二、可以將精神力量集中，像激光一樣發射出去，達成心中的願望。古代埃及人在額上配戴寶石，便是基於這個原理。

　　三、可以吸納外間的負性能量，避免我們的身體直接遭受沖擊及侵襲。我們聽過很多玉石殉主的故事，其實大多數寶石都有這種能力。

　　四、可以平衡或提高情緒，令我們活得更快樂。

　　五、可以加強腦細胞的活躍，令我們讀書或工作時，得到更佳的表現。

　　六、可以提高我們身體的頻律，令我們由沉迷物慾而轉向精神方面的發展。對於靈修的人士，水晶有助於開發這方面的潛能。

　　七、可以改變我們身體的氣場，令我們變得有吸引力，人際間關係更圓滿。

　　八、可以加強我們身體「以太禁網」的力量。瑜伽的說法，一般人身體有精微奇妙的靈能包圍，這便是「以太禁網」。但如果此網能量薄弱，便易為低靈所侵，變為身不由己。乩童正屬此類。

　　九、可以帶來好運氣，一個人的頻律得到水晶的調整，可以變為截然不同的頻律，擺脫原來「物以類聚」的命運。以五行的說法，一個五行欠水的人，如果懂得配戴屬性是水的水晶，他的生命元素得到平衡，馬上可以產生劇變，這方面的學問比較複雜，詳細說起來，當是另一本書。但基本的道理，我們仍可簡單點體會。

十、可以填補我們身體氣場的缺口，令我們再度體會能量的完整性。有些人身體受到傷害，或感情受到打擊，形成人體氣場出現「洞」的缺口，生命能量由此流失，負性能量由此入侵，這個人極度容易疲倦，奄奄一息，無論體力和心情都極差。這種例子在現代人中特別普遍，我有個朋友因此受困擾了好幾年，看盡醫生，找不出病源，後來我給他一顆晶石配戴，堵塞了氣場的缺口，一周內脫胎換骨變成另一個人。

晶石的好處，說之不盡，但它和所有地球上的學問一樣，需要愛心及知識，一知半解的人，得不到預期的效果，理所當然。情況等如吃補藥，以人參作飯的人，一定得不到好效果。到時，請勿妄下斷語：「人參是沒有用的。」

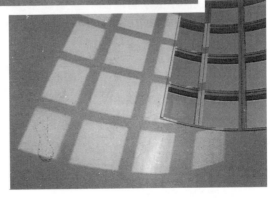

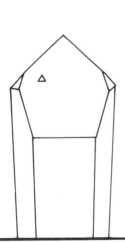

33 水晶初學十二戒

（一）　開發人體潛能

首次接觸水晶的人，難免有所疑惑，既然是能量的一種，水晶會否帶來危險？

我的答案通常是：世界上沒有絕對的事。

水能載舟，亦能覆舟，任何能量不正確地運用，總會產生危險。能量越大，危險性越大，在物質世界中，最典型的例子是核子反應爐。

一個核子反應爐運用不好，爆發起來，山河變色。核子反應爐安全嗎？誰敢回答這個問題。同樣的道理，人體潛能開發，產生超人的力量，過程中處理不當，危險隨而產生。

打坐唸佛，有走火入魔之虞，我們是否不打坐唸佛？

美國每年總有兩三個瑜伽修士，因為私下開啓脊椎底的靈蛇（kundalini)，而導致精神失常。是否為了這些個別的例子，我們不去學習瑜伽？

近年流行密宗，蓮花生大士說：「密法修行是在毒蛇口中取珠。」

毒蛇口中取珠是否安全？我相信就算是「蛇王叻」，也不會拍胸口稱是？

（二）　一個銅錢的兩面

這個世界由能量推動，凡是牽涉及能量，安全與危險便是一個銅錢的兩面。

水晶出現問題，主要是人本身的處理不當，與它無關。

有人急功近利，用水晶柱不停刺激第三眼，希望得神通，結果導致內分泌失常，入院治療。

我想，幸好這是水晶，如果是手槍的話，這人已向上帝

報到。

　　自然界的礦物，時間愈長，內部分子結構越進化，越規律，能量也越純淨。

　　一塊清瑩的水晶，在地球起碼有超過一億年的時間，在你的四周，有哪樣東西有一億年或那麼長遠的歷史？

　　要是你擔心水晶的能量會對人體產生不良的影響，你應避開所有的石頭。石頭的分子結構及能量，遠比水晶雜亂。

　　前一段時間，路透社有一則新聞：地質學家發現白金漢宮下有一塊大花崗岩，正在向外發射出強烈的氫氣，氫氣對人體有害，長期接觸下，有致癌的可能。他們警告戴安娜皇妃（當時仍是），盡快搬離皇宮，因為戴安娜情緒憂鬱，最容易成為受害者——染上肺癌。

　　大家請檢討，我們居所的建築材料，有哪些是比花崗岩更加低劣的？多的是。已有報告指出，石屎牆散射的輻射，已到了對人體有害，令細胞變形的地步。

　　我經常勸告朋友在家中放置水晶，原因是優質的水晶可以吸收大量的負性能量，減少輻射，調整磁場，令我們生活得更健康，這是處身石屎森林中沒有辦法的辦法。

　　一些獨特的晶簇，如烏拉圭紫晶山，有神奇的治病能力，更是現代人的恩物。關於這方面的資料，美國著名的水晶專家法蘭克阿路柏博士（Dr.Frank Alper)在《發掘大西洋文明》一書有大量的文字介紹，大家不妨參考。

（三）　避免危險十二步

　　進入水晶世界，要是緊記以下的規條，一定不會出現危險。

　　（一）按步就班，循序漸進。先由兩枝小水晶柱玩起，待身體熟習了水晶的能量，再增加水晶的數量。

195

（二）不可用水晶胡亂刺激身體的竅位、或穴位。一切以自己的感覺為依歸，要是有不適的現象，馬上停止。

（三）來歷不明的水晶，最好不要碰，避免無謂的傷害。我非常不贊成在廟街或路邊攤檔，購買來自尼泊爾及西藏的水晶，一來這些水晶質素低，二來那些尼泊爾舊佛像，很多附上靈體，難免輾轉傳到水晶內。

（四）所有買回來的水晶，必須進行徹底的清潔，方法參考《水晶宮之旅》。

（五）靜坐前要結界，佈下保護網。

（六）選擇適合自己的水晶，很多時，一塊溫和的水晶，比一塊威猛的水晶，更為有用。一塊威猛的水晶，可能令你精神亢奮，難於安靜。

（七）不要偏重一類的水晶，因為人體是道彩虹，任何一方面的過分發展，都會產生不良結果。應收集起碼七種顏色或以上的水晶，以便需要時使用。

（八）沒有適當的知識，不要試圖通靈。那是一個高深莫測的世界。

（九）所有人都可以玩水晶，除了心臟有問題配戴心臟輔助器的人（水晶干擾儀器的運作，導致危險）。因此，送水晶給朋友時，先弄清楚他是否要倚賴同類的儀器。

（十）有幾種能量特大的水晶，如骨幹水晶、激光柱、黑曜石球、大白水晶球，在未確定自己有能力掌握時，不要隨便運用。

（十一）水晶店應懂得將水晶集體徹底清潔的方法，以保障顧客及顧員的安全。水晶在製作或運送過程中，沾染了廉價勞工的情緒或訊息，又或怪異的地靈力量，如不清潔便會構成非常壞的氣場的危險，很多水晶店或半寶石公司的僱員身體不佳，便是這個道理。

（十二）手掌留有水晶屑時，不可用手掌抹走，更不可

擦眼睛，應馬上用水沖洗。因爲水晶屑非常鋒利，很容易剌破皮膚。

以上十二戒，希望水晶初學者遵守。遵守了，「水晶宮之旅」將是無風無浪的靈性旅程，不遵守的話，要是吃了苦頭，得自我檢討，不要將責任推卸到水晶身上。

不用水晶靈修，只用來作家居風水的佈置，水晶是沒可能帶來危險的。

有人說放水晶要講方法，放錯了有問題，這是誤導。水晶本身有吸納負性能量的作用，放在兇煞的地方，它自然地將負性能量吸納、消化，危險何來？放錯水晶，收效不大，卻不會有問題。

在風水學來說，水晶可亂放，反而魚缸，花瓶，不可亂放，因爲水是聚氣之媒，旺氣、煞氣照單全收，放錯了地方，凝聚黑氣，後果堪虞！

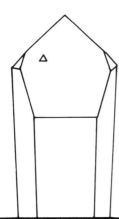

34　與水晶結盟

（一） 現代的彼得

有位在金融界頗為活躍的朋友問我：「為甚麼別人用水晶，可以產生匪夷所思的效果，我用水晶則收效平平？」

我問：「答案有三個可能；一是你買的水晶是假的；二是水晶的組合不正確；三是你缺乏愛心。」

「對你來說，首兩個可能性不存在，剩下來的一個——缺乏愛心，正是你的問題所在。」

「但是，我每天都觸摸它，依你的說法，當它是自己的愛人。」

「你將愛情變為形式，你並沒有真正愛上它。你只當它是工具，它為你工作而已。」

「想一想，一年來你不斷追尋水晶的無形力量，另一方面，又害怕別人知道你在這方面的活動，這種矛盾，已構成障礙。誇張點說，你和背叛耶穌的彼得沒有分別。你甚至不願公開說：我認識這個人。」

朋友語塞，半響。問：「我應怎樣令自己真正愛上水晶。」

我大笑：「這個問題就等如問：我應怎樣令自己愛上一個女人。抱歉，我只能教你到此為止，這是『不可說』的經驗，願你可領會。」

（二） 唯一的聯繫

甚麼令水晶的力量與我們聯繫？

愛心令水晶與我們聯繫。

愛心令我們與水晶二合為一，結合成一個更完整，更強大的存在。

沒有愛心，沒有感情，一塊水晶買回來，放在自己的家中與放在水晶店，毫無分別。它始終不屬於你。

一塊偷來的水晶是沒有效的，這不單是訊息的問題，而是在偷竊過程中，再沒有愛的存在。

水晶比你更懂得體會這種感覺。

從這個極端的例子，我們更容易明白進入水晶的世界，其實等如進入愛的世界。

當你真正愛上水晶時你已打破肉身的局限而與多度空間的震動融合，最後，你自己成為一塊大水晶，既是一位，也是多位，最後便是同體存在的局面。

很多人問：「你家中一定有很多水晶？」

我通常笑而不答。

我的水晶的確很多，對我來說，地球就是一塊大水晶。

（三） 回報的誓言

回到現實的問題，有甚麼方法可以令自己與水晶聯繫得更好——如果你還不大清楚甚麼是「愛上水晶」的話？

這裏有一個方法。

每次在許願、輸入訊息後，作一個回報式的誓言。

「我得到水晶的助力，完成心中願望後，一定傾力將水晶的美好世界擴大出去，令身邊每個人受惠。」

此中的道理，和佛經中的迴向偈一模一樣，都是付出更大的關懷，不再只為逞一己之私欲。

因為這個誓言，你便可以和水晶背後的宇宙意識聯繫，得到照顧，而如願以償。

當然，你一定要守諾。

在過去幾年間，我教過不少人用水晶改變命運，有的公司瀕臨倒閉邊緣，有的愛情不如意，有的健康陷絕境，在一

般人的眼中，他們的生命眞是觸目驚心的苦澀遭遇。

結果，他們從黑色的漩渦裏走出來，拍掉身上的塵穢，活得比一般人更快樂、更滿足。

遺憾的是，他們之中，有些在擺脫了惡運後，便失去對水晶的熱情，再度沉迷個人的欲望中，記不起當初的承諾。有些甚至存着不爲外傳的自私心理，不想別人得到這門學問的好處。

有間上市公司的主席在得到水晶的幫助後，對我說：「眞對不起！限於事業的身份，我不能公開自己的經驗。」

我感到很可惜，這位先生失去利用自己的影響力推動一門進化學問的機會，這是很大的功德，結果對他和其他人，都造成損失。

水晶背後，是一個強大無比的宇宙意識，它願意幫助所有渴望進化的人，然而，這個聯繫和所有無形世界的聯繫一樣，都是雙向，有來有往的。你不能一面倒的需索，而不付出回報。如果你瞑頑不靈，這個聯繫便會中斷，水晶再不會在你身上產生神奇力量。

因爲，宇宙是一個循環，力量是一個圓圈，你的自私中斷了這個自然的運作。

相反來說，你多向一個人推介水晶，你的聯繫，你的力量便大一分。這和弘揚佛法的原理無異。

水晶世界蘊藏着很多秘密，最大的一個秘密在本篇裏：「爲甚麼有些人用水晶生效？

有些人不生效？

爲甚麼有些人開始時生效，最後變爲不生效？

關鍵便是人的劣根性——例如自私，導致聯繫的中斷。」

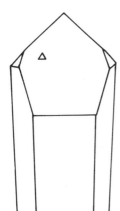

35 如何鑑定水晶的真假與功能

（一） 實驗室培育的晶體

本書最後一章。

題目簡單：如何鑑定水晶的眞假與功能？

這個題材，寫起來可以很複雜，單是科學報告及資料，洋洋數十萬字，不過，我不採用這個方法，而用一個最簡單、不倚賴儀器又人人可用的。

科學進步，半寶石方面的作僞窮出不盡。有用高熱改變水晶的顏色，最常見的例子是黃晶、茶晶及藍晶。也有將水晶入色，改變原來的顏色，最常見的是瑪瑙、紫晶及芙蓉晶。也有將水晶加熱溶化，放下化學藥品令它看來清晰通透的，最常見的是人造白水晶及琥珀。（市面上的水晶球，十居其八是這種）。人造首飾蓬勃後，差不多所有半寶石都有人造原料。更先進的科技是在實驗室培育晶體的生長，我在前年因好奇買了幾片這種「種」出來的紅寶石，表面觀察，完全與眞石無異。

然而，人造的晶石，外表再逼眞，在能量來說，始終遠遠不如天然的。

我們只要將它放在左手，定下心神，感覺它的震動，訓練有素，自然分別到兩者不同之處。

眞的晶石，震動起來徐疾有緻，冰涼中見溫暖，有種實在的感覺。相對來說，假的晶石冰冷而沒有生命，即使有震動，也是疲弱而虛浮的。

鑑定天然水晶球，行內人習慣將一條頭髮放在下面，看看是否在「雙重反射」（Double reflection）下一變爲二。人造水晶則沒有「雙重反射」的特性。

以上說的是人造水晶，加熱變色的水晶又如何確定？每種水晶有屬於某種輪位的震動，如果它看來是黃色，落在人

體後，不是在太陽輪而是在眉心輪，那麼它便是假的。

有一位朋友買了一顆黃晶，回去反覆實驗，真的黃晶放在手上，不久腹部出現電感，而再用他早些日子買回來的假黃晶放在手，動的部位不是在腹部，而是在眉心。他遂確定，那顆黃晶是由紫晶燒成的。

（二） 身體反應，印證能量

我介紹過不同水晶的功能，有人問，這是從外國書本看回來的嗎？

不是。

基本上我是以身體的反應來印證水晶的能量。每一批水晶有獨特的能量，如果單純從名稱及外表將能量分類，有時會出現錯誤。

一般來說，我可用「心」確定它的頻率，如果不確定的話，我會將它放在手中，將心空了，很自然，它的能量如水般流向屬於相同頻率的渠道，應有的部分顯示出來。這樣鑑定水晶的能量，比儀器還要準確。因為，水晶最終還是結合人體的能量來運用的。

我最近鑑定了一種從未有人提過的紅土水晶，我放在手，肝和腎的部位，都出現了令人舒服的氣動現象，我便知道，這種水晶對肝和腎有特殊治療作用（更有趣的是，它的褚紅色彩和肝、腎十分相似）。我介紹給幾位朋友，他們有同樣的反應，就這樣，確定了一種水晶的性能。

我想，神農嚐百草的故事，大概也是這樣。我們則更幸運，水晶遠比百草安全。

只要掌握上述的竅門，你便毋須記憶資料，而可以確定所有水晶的頻率與功能。

盡信書不如無書。水晶畢竟是活用的學問。

後記

（一）

「在這世界上，

你做你的事，

我做我的事，

你不是活着來滿足我的期望，

我也不是活着來滿足你的期望，

然而，我們偶然地走在一塊兒，

那實在美麗的事。」

以上一首詩，是六十年代一位著名嬉皮詩人寫的（名字記不起了），也是我心愛的一首詩。

由嬉皮士到新紀元，世界不斷地變，我們每個人也在變，但我的感覺，並沒有失去，仍然在這裏，在這首詩之中。如果我們偶然地因共同的目標而走在一起，那實在美麗的事。

就將它寫出來，作為本書的句號，與你共勉。

（二）

這本書順利完成，得多謝多位朋友的督促及指正，尤其是經常來「水晶宮」，毫不吝嗇地公開心得的朋友，沒有他們的寶貴經驗，這本書準會失色得多。

（三）

最後，多謝朱秀娥小姐年來不斷為我搜集難求的水晶，曹美芳小姐及陳麗芬小姐為本書的反覆修改而付出的耐心及專業精神，以及多年好友馬鳳琴小姐為本書設計的出色封面。

讀者問題答覆：

過去三年來，收到不少讀者來信，誠詢有關水晶應用的問題，其中有些答案可以在書中找到，但讀者忽略了，有些在書中完全沒有提到，又或我在解釋方面未臻完善，為此我覺得有補充的需要。

一、台灣花蓮駱友好小姐來信問：水晶用後是不是一定要清洗？被人接觸過，不清洗有後遺症嗎？

答：水晶用後不一定要清洗，被人接觸過也如是。關鍵是水晶有沒有被污染。例如，當你用來治病，事後水晶一定要清洗，因為水晶吸收了排出的病氣，幫助你復元，但它也需要釋放這些病氣，回復生機的時間，因此應馬上放在晶簇上充電；第二個問題，這個問題最常見，也最多人問。

　　水晶被接觸過，不一定要清洗，如果這人是活佛、教皇、大成就者，又或財星高照，被接觸過，便是一次加持，有益無害，如果這個人是爛睹二、倒霉友，心術不正，被他接觸過，不清洗便是你的後患。一般來說，小孩子心性單純，接觸過水晶，不必清洗，除非時值他號淘大哭，又在大發脾氣。明白清洗的原因，你可自行決定是否清洗。

二、香港北角鄭鈺先生問：他放置了七星陣，睡覺時有氣流在身體流動，醒來有點恍惚。有一晚，半夜睜大眼，看到床上有白光，心中大感驚異，不知道發生了甚麼事？

答：七星陣是一個強化生命力的能量場，當這個陣佈置完

成，用水晶開發後，七枝水晶柱會形成七道光柱，環繞
床的四周，作順時針或逆時針遊走，一方面清洗負性能
量，一方面修正細胞的正負極磁場，令它回復正常運
作，另外，七星陣也是一個強大的保護光幕，防止任何
靈體騷擾身體。七星陣可用不同水晶配搭，但一定要腸
合自己的需要。有第三眼的朋友，請用自己的觀察引
證。

三、馬來西亞鄺先生問：有一晚，他用一根綠幽靈水晶靜
坐，忽然間，它掉在地上，消失了，遍找不見，從此再
沒有出現。他忪忡不安，這現象代表甚麼意義？

答：我說過，水晶由光構成，在某一個機緣，它會自我分
解，再由晶體變為光；有些朋友用水晶用得好，水晶會
在手中消失，變為無形的能量，與氣場結合，成更強大
的組合。另一個可能，一些特殊的水晶完成任務後，功
成身退，再在另一個時空應世，你的例子屬第二項。

四、香港中環何小姐問：她有一個朋友在外地買了一個大紫
晶山，回來後，身體不適，運氣低落，金融業務一瀉如
注，她奇怪為甚麼發生此種事，水晶不是帶來好運嗎？

答：所有能量的學問，用得不適當，便會有反面後果。我有
一個客人，自泰國請回四面佛，馬上破產。後來我去瞭
解，四面佛根本沒有開光。水晶帶來惡運，不外一個原
因，這個大紫晶山在運送途上沾染了不潔的物體，而沒
有得到徹底的淨化，所以，真正的問題是：水晶沒有適
當的處理，一樣產生問題，而我們要明白凡是運用能
量，一定要學習運用能量的學問。

五、新加坡胡大鏘先生問：紫晶山分金、木、水、火、土，用對了當然好，用錯了會否出現不良後果？

答：有人以為水晶在五行中屬土，有人以為屬金，因為先天八卦中，水晶入乾卦。也有人說，水晶屬水。其實，也可以說對，也可說不對，因為水晶由光凝衆而成，光的本體是空性，也是說，最後，水晶跳出五行範疇。我將紫晶山分五行形態，只不過是應合世俗見解，方便領悟而已，基本上，開發後的紫晶山，可以重組能量，擺脫五行形態，在任何方面皆可應用，不會有相剋的結果。

六、加拿大多倫多葉先生問：水晶放錯風水位，會否因擴大訊息的特性，而將煞氣加倍放大，形成惡運？

答：如果這個憂慮屬實，我相信倒霉的朋友，一定不可以配戴寶石、首飾，因為寶石一樣會將他的霉氣擴大，百上加斤。水晶是地球上最高度進化的物體，本身純粹的能量可以吸收及淨化負性能量，造成扭轉磁場及運氣的結果。

　　在風水來說，煞位宜靜不動，放錯水晶問題不大，但同時相等浪費資源，沒有好好發揮，得到最大效果。

七、香港西灣河何小姐問：她戴了石榴石腰鍊，感到反胃及作嘔，本身一直有婦科病，擔心會否刺激過度，令病情惡化？

答：這是好轉現象，不用擔心。應多做下丹田呼吸，或下三輪淨化呼吸，幫助血氣進一步運行。在水晶治療中，配

戴水晶只是輔助，真正重點是你身體力行的實踐。

八、台灣高雄鄭東漢先生問：他用黃晶求財，老是差一點，有甚麼突破方法？

答：我告訴你一個秘密，所有水晶都可以招財，其中道理，等如所有行業都可以致富。每一個人命局參差不同，用神有異，你找出用神所在，再配合財富的代表石，自然突破五行的局限，道理說出來，實行可不簡單，請自行領悟。

九、上海張成先生問：最近上海流行水晶熱，其中冒充貨極多，一條染色玻璃手錶，當紫水晶出售，索價二千人民幣。他想知道怎樣用肉眼分辨膺品？

答：一般人很難用肉眼分辨出假水晶（除非仿造技術低劣），用感覺比較實在一點。假水晶通常比較暖、振震不穩定及弱。如果你沒有這方面的感覺，可要求出售商店提供證明書或用偏光鏡當場分辨。

十、北京章先生問：破裂了的水晶可不可以再用？他用水晶作氣功治療，突然遭遇到中斷的情景？

答：當吸收的負性能量超越水晶的負擔時，它便會破裂。事後水晶不應再用，而且裂口邊緣鋒利，容易造成肌膚傷害。

十一、台北雷先生問：放在床底下的七星陣，要不要經常清洗？

答：任何七星陣，沾上的塵埃多了，都要清洗。清洗方法，
　　戴上膠手套，用白紙巾挽上蒸餾水，一一抹亮便可，有
　　銅罩的七星陣不必清洗。另外，每隔七天，應用白晶柱
　　加持七星陣。

十二、香港碧瑤灣葉太太問：用水晶開發弱智（唐氏綜合
　　　症）的兒童，需要注意甚麼？

答：首先記着開發大腦，增長智慧，要循序漸進。在床的四
　　周放水晶，逐點加重份量。同時，一定要在水晶投射愛
　　的訊息，用愛心結合水晶的無形振震，打破業力的障
　　礙。很多例子證明，兒童用水晶後，閉塞的眉心重新開
　　發，左右腦結合，智力增長極爲快速。

十三、加拿大溫哥華K.C.LEUNG問：他在南美旅行，買了
　　　一個大白晶簇，返國後放在大廳，不旋踵，感到不適
　　　及反胃，他感到這是白晶簇帶來的，疑問爲甚麼白晶
　　　簇會有負性能量，它不是幫助清潔水晶嗎？

答：你的反應有兩個可能性原因，一是你還未能適應水晶的
　　頻率，二是白晶簇有問題。原則上，白晶簇可以吸納及
　　消化負性能量，但它一樣有紀錄訊息及擴大訊息的特
　　性，換而言之，水晶一樣有可能變質。六、七十年代，
　　蘇聯不斷進行核試，有些南美山脈遭受污染，水晶界也
　　不例外，因此水晶柱應先經過輻射化器檢定，確保安
　　全，任何經輻射污染的水晶，在目前來說，完全沒有辦
　　法清洗。近年來，有很多朋友在中國搜尋晶石，我的忠
　　告是：一定要清楚來源，在核試區的礦產，有很大可能

遭受感染（輻射沿地底礦脈滲透），長期接觸很危險。最後再三強調，能量有好有壞，能令你產生反應的，不一定是好能量。你一定要學懂分辨無形的世界！

十四、澳門氹仔葉先生問：他用了綠幽靈後，事業運氣大幅好轉，但每當他用綠幽靈靜坐，心房會劇烈跳動，令他大感恐慌，請問原因？

答：所有水晶有兩種功能，一是有形的，對肉體中某一個輪位產生強化作用，打通有關堵塞的氣脈，恢復原有功能，另一是無形的，即是改變我們的氣場，由混亂變為純粹，吸引四周美好事物到來。如粉紅光吸引愛情、友情，黃光吸引財富，綠光吸引事業，紫光吸引智慧等，你的例子可以如此理解，綠幽靈改變身體氣場，吸引事業上的好運氣，同時間開發心輪，你的心輪在調整中出現令你擔心的反應，這個時候，應多作深呼吸，幫助過渡。

十五、台灣台中關先生問：他患骨病多年，屢醫罔效，心感絕望，求教水晶治療方法。

答：有一個非常簡單但極具殊效的方法，用水晶靜坐，觀想全身骨骼發光，做到這效果，相等改變骨骼的分子結構，骨病立刻消除，水晶和骨骼的振動頻律接近，水晶主要由矽構成，骨骼也如是，因此在能量交流中，水晶可以迅速改變骨骼的組織，得到重生之效，關先生不用灰心絕望，請相信我的話，每天花半小時作這個練習，三個月有奇蹟，記着，練習過程重質不重量，一定要努力進入狀態！祝你早日康復。

十六、印尼耶加達翁納加先生問：他很努力開發心輪，有一
　　　陣子，感到心輪出現跳動，欲知這是否相關心輪已開
　　　發？

答：很多人問同類問題，在此作一簡單解釋，其實所有輪位
　　開發，都有一明顯現象，那便是光的出現，閉上眼睛，
　　內視，你會「看到」輪位有如蓮花的光團，以漩渦形態
　　轉動。你的情況屬初步開發，還需多加努力。

請加入水晶知識交流中心

　　歡迎讀者來信，提供有關水晶運用心得、
經驗，以及詢問水晶運用的問題。來信請寄：

水晶宮天然水晶店

香港銅鑼灣禮頓道77號

禮頓中心地下商場23號

如要回覆，請附回郵信封。謝謝！

水晶專家陳浩恩

親自爲你解開水晶之謎

啟發潛能
水晶帶給我無限創作靈感，令我寫出有生以來最好的作品，我感到創作生涯將是永無止境的前進。

韋然

感受很深刻，水晶給我帶來了我祈望的小寶寶，而運用水晶一段很短的時間終於實現了，預知力及直覺力也大大提高，多謝水晶賜給我的。

Debby C.

I feel happier and more confident after using crystals for meditation. I am very grateful to Mr. Chan who always gives me good advice on life and everything !Thank you!

Michele

我十多年沒喝過冰水，用水晶打坐後，現在可以整天喝冰水，我的家人，同事都覺得不可思議，而且我開了第三眼，見到地神、財神、觀音，希望有機會和水晶迷共同分享交換使用心得。謝謝陳先生指導。

MAY

水晶不單使我身體狀況好轉，最重要一點是它把我從絕望的情緒中救回來。

Diana Hui

感謝陳先生悉心教導，使我能利用水晶開發潛能，落實生命，謝謝！

MARY

用了白金字塔水晶後，自覺有種平安的感覺，而用綠幽靈水晶則令我非常忙，甚至忙得近年鮮有。

黃生

我下身曾患肉瘤屢醫無效，幸得陳先生指教，用黑水晶靜坐後，不藥而癒，謹此萬分謝意。

亞瑩

接觸了水晶，使我領悟到大自然力量之偉大，更使我對個人之潛能重新估計。

DORA

我以擁有這開啟人體能源奧妙與浩瀚大自然宇宙之鎖鑰為傲。

Jack Wai

自從家中放了二個紫晶山及一個白水晶簇之後，水晶的神奇力量，讓我原來陰森的家，變成生生不息、生氣勃勃，這全是水晶的功勞。

李淑眞

接觸水晶後，在靜坐時所感受到的無形力量，是前所未有的，願有同好者能與水晶結合靜坐加速達到更高的靈性修為境界。

陳錦秀

水晶全能學會
水晶初級課程的誕生

陳浩恩 先生指導的水晶初級課程，在台北信義路水晶宮的重生靜坐室展開。參加人數遠超預定名額，過程雖然長達四小時，但席上各人沉醉在水晶的無形靈力下，體驗身心開發的美好感覺，忘卻時空的存在。事後數名參加者反映個人經驗，他們靜坐中進入定境，在陳浩恩導師加持下，得到極其殊勝的經驗。

是次靜坐課程完全免費，但要求參加者捐贈三千元台幣予慈善機構，以達到做善事，顯愛心、學水晶的圓融題旨。

水晶宮每月將在信義路總店舉辦同樣課程，弘楊水晶的神奇學問，歡迎各方有志參加。

名額有限，請儘快報名，以便安排。

電話：(02)722 6262

個人慈善顧問服務

　　水晶專家陳浩恩先生每月巡視各地水晶宮，為顧客解答水晶的種種疑難，但因要求者眾，乃定下回饋社會的水晶顧問服務。凡水晶宮顧客而又持有一千元港幣的慈善機構捐款收條（或同等當地幣值），可獲半小時的個人顧問服務，為您徹底解答及指導水晶治病、風水運用，以及有關靈性修養的問題。

　　做善事，顯愛心，學水晶。

　　名額有限，請預先向各地水晶宮報名，以便安排：

香港水晶宮：
香港店：銅鑼灣禮頓道77號禮頓中心地下商場23號
　　　　電話：2504 1319

台灣水晶宮：
台灣店：台北市信義路4段401號
　　　　電話：(02)722 6262
　　　　台北市天母東路96號1樓
　　　　傳真：(02)871 2466

馬來西亞水晶宮：
馬來西亞店：吉隆坡邵氏大廈三樓L2-09室
　　　　　　電話：(03)242 3681

絕對安全的保證

　　水晶宮天然水晶店，秉承推廣水晶文明的任務，堅持五個營業原則：

　　（一）正確地灌輸水晶的知識及運用方法，公司的創辦人陳浩恩先生是蜚聲東南亞的水晶專家，著有四本水晶著作：《水晶宮之旅》、《活用水晶》、《如何發揮水晶的神奇力量》及《水晶治療》，店員全經嚴格訓練，對水晶有深入的認識。

　　（二）水晶宮堅持出售高質素天然水晶。市面上充斥人造水晶及改造水晶，消費者得錯誤引導，得物無所用。

　　（三）水晶宮銷售的天然水晶全經徹底淨化及開發，且現代儀器檢驗，絕不出售經污染及曾經輻射的水晶。由於有些水晶在核試區附近發掘，對人體有害，非得小心處理不可。

　　（四）水晶宮每一塊水晶皆經陳浩恩先生念力開發，使產生宇宙光連繫的神奇能力，能量比開發前大三倍以上。

　　（五）堅持不斷推廣，不斷發掘寶石裏的無窮學問。近兩年來，吸引了無數同道，不斷互惠交流。

　　我們誠心邀請　　閣下加入這個開發潛能，迎接新生命的行列。

儀器檢定水晶的放射性元素及真偽

再經水晶專家陳浩恩先生徹底淨化及開發

水晶運用秘訣

Practical use of Crystal

陳浩恩　主講

粵語(PAL)、國語(NTS)
中文字幕，適用於香港
及東南亞地區

十二大內容：

①甚麼是水晶　②一般人的誤解　③如何選擇水晶　④清洗水晶的竅門——自然方法　⑤清洗水晶——念力方法　⑥清洗水晶——激光柱之運用　⑦簡易靜坐法　⑧如何與宇宙光連繫　⑨事業水晶運用秘訣——綠光觀想　⑩內心世界改造法　⑪水晶治療應用法　⑫如何將愛心結合水晶——開發生命潛能

出版：水晶宮國際有限公司
地址：九龍觀塘海濱道 151-153 號廣生行中心 909 室
電話：2343 1015
發行：利源書報社有限公司
地址：九龍旺角洗衣街 245-254 號地下
電話：2381 8251

歡迎讀者郵購，請向「水晶宮」查詢詳情。

最 新 推 出

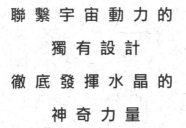

聯 繫 宇 宙 動 力 的

獨 有 設 計

徹 底 發 揮 水 晶 的

神 奇 力 量

改 善 生 命・開 發 潛 能

郵購水晶全附質量保證書
並經水晶專家陳浩恩先生
徹底淨化及開發

水晶宮獨有標誌
一道連繫宇宙動力的橋樑

已經註冊・請勿仿製

大簡星 A

大簡星 C

大簡星 B

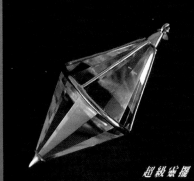

超級靈擺

治療水晶

白金字塔水晶

橫幽靈水晶

水晶宮自推出大衛星後，市面上仿製者眾，而仿製之水晶質素及切割參差不齊，做成極大混亂。本公司接獲投訴，特此聲明，本公司出品，只在三間門市部出售，其餘均與本公司無關。

新一代大衛星鍊咀扣上刻有水晶宮標誌，敬請留意！

治療水晶

14面美國專業治療水晶，選用巴西AA級水晶，根據水晶原有的能量軸(AXIS)精心切割，產生與人體共振的特有頻率。修正細胞的正、負極磁場，對治療頑疾有殊效。

大衛星

(STAR OF DAVID)，亦即是七星陣及密宗的生法宮。配戴在心胸（心輪）能凝聚宇宙能量，強化心臟及穩定情緒。18K金精鑲，選用巴西AA級白水晶，以標準金字塔角度切割，異於市面上同類之仿製品。

備註：心輪堵塞或有障礙者，配戴時胸口或有重壓的感覺，此為外能通道受阻的原故，這時作深呼吸，協助打開心輪，即無問題。

超級靈擺

24面切割，18K精鑲。三大功能：

一 全面感應磁場，發揮靈擺的最佳效果
　　──測試地方風水氣場及人體氣場
二 配戴在心胸，連接上下輪位，保持氣脈暢通
三 金剛刀式設計，有強大護身辟邪作用

白金字塔水晶

開發頂輪，有息災及健康的功能

綠幽靈水晶

被譽為財富、事業之神奇水晶，特別有凝聚吸引財富及事業因緣的力量

郵購表格

姓名 ＿＿＿＿＿＿＿＿＿＿ 職業 ＿＿＿＿＿＿＿ 性別 ＿＿＿＿＿＿＿

地址 ＿＿＿＿＿＿＿＿＿＿＿＿＿＿＿＿＿＿＿＿＿＿＿＿＿＿＿＿

＿＿＿＿＿＿＿＿＿＿＿ 電話 ＿＿＿＿＿＿＿＿＿＿＿＿＿＿＿

本人欲訂購下列水晶：

	（A 款）	（B 款）	（C 款）	實物大小 (mm)	數量
大衛星	$1,980	$1,780	$1,980	A：25 x 25 B：30 x 30 C：25 x 25	
白金字塔水晶	$1,900	$980	$380	/	
綠幽靈水晶	$1,900	$980	$380	/	
靈擺水晶	$1,800	/	/	40 x 20	
治療水晶	$2,200	/	/	/	

付款方法：（以港幣計算，請勿郵寄現金）　　　　　合共款項 $ ＿＿＿＿＿＿

A □ 現付上劃線支票 $ ＿＿＿＿＿＿＿　　支票號碼 ＿＿＿＿＿＿＿＿＿＿

B □ 請在以下信用咭戶口記賬 $ ＿＿＿＿＿

　　□ VISA CARD　　□ MASTER CARD

　　持咭人姓名（英文）＿＿＿＿＿＿＿　（中文）＿＿＿＿＿＿＿＿＿

　　信用咭號碼 ＿＿＿＿＿＿＿＿＿＿　有效期至 ＿＿＿＿＿＿＿＿

C □ 付上匯票 $ ＿＿＿＿＿＿＿＿＿

劃線支票及匯票抬頭請寫：「水晶宮國際有限公司」

海外訂購另加掛號郵費：歐美、東南 HK$50，中國、澳門 HK$30。

簽署 ＿＿＿＿＿＿＿＿＿＿＿＿＿＿＿